行书翰墨

刘 颖◎主编

线装书局

图书在版编目（CIP）数据

行知翰墨 / 刘颖主编. —北京：线装书局，2022.6
ISBN 978-7-5120-4577-4

Ⅰ.①行… Ⅱ.①刘… Ⅲ.①书法课–教学研究–中小学 Ⅳ.①G633.955.2

中国版本图书馆CIP数据核字（2021）第162596号

行知翰墨
XINGZHIHANMO

主　　编：刘　颖
责任编辑：于建平
出版发行：线装书局
　　　　　地　　址：北京市丰台区方庄日月天地大厦B座17层（100078）
　　　　　电　　话：010-58077126（发行部）010-58076938（总编室）
　　　　　网　　址：www.zgxzsj.com
经　　销：新华书店
印　　制：北京市联华印刷厂
开　　本：889mm×1092mm　1/16
印　　张：14
字　　数：155千字
版　　次：2022年6月第1版第1次印刷
印　　数：0001-4000册

线装书局官方微信

定　　价：98.00元

编委会

序言寄语

　　看到刘颖老师团队，对校外书法"跨学科体验活动中学习"理念梳理研究呈现的成果，《行知翰墨》即将付梓，非常欣喜，祝贺！

　　中华优秀传统文化是祖先留给我们的丰厚遗产，书法是其载体。故宫博物院内藏有大量珍贵文物，特别是书画文物，件件都是精品。每当我们走近它的时候，就会欣赏到它的历史价值、艺术价值和科技价值；就会感知到他被抚摸过的痕迹，和它所散发出来的年代气息。这些文物身上凝结着古人的智慧，令人惊奇！

　　作为故宫文化的守护者，我们肩负着保护、研究和传承璀璨瑰丽的中华文化的使命。所以当我看到，刘颖老师引领的东城区校外书法课题团队，带着孩子们走进故宫、走进各大博物馆，开始寻找、品读、思考，展开各种自主学习模式的时候，我非常欣慰。我们有那么多一线的老师，利用周末、利用寒暑假时间，引领孩子们接触传统文化，说明大家喜欢这些有价值的、丰富的藏品！大家在默默地的为传承优秀传统文化，做着实实在在的事。请允许我为我们这些对传统文化有敬畏之心、有传承之心的老师们，点赞！

　　今年是紫禁城建成六百年，暨故宫博物院成立九十五周年，故宫博物院将开展一系列的主题活动，充分利用好这些宝贵的世界文物遗产，为年轻的孩子们挖掘更多的感悟传统文化的契机，展现更多的中华优秀传统文化的魅力！我们要通过这些文物，让孩子们看到中华文化的生命力，那是创造、是包容、是尊重、是责任……我们要把这样的种子，种到孩子们的心坎儿里去。

　　"未来讲堂"是故宫为大家提供的自主学习的线索，打开记忆之门的钥匙。这与刘老师的课题研究的思路一致，未来我们也愿意邀请刘颖老师团队做客我们的讲堂，为更广泛的孩子开辟成长实践的舞台。

　　传统文化距离我们并不遥远，真心希望我们每一个人，都能在与历史、与文物的对话中，汲取养分，感悟智慧，自觉养成对中华优秀传统文化从认知到认同、到归属，到依恋的那份浓浓的家国情怀。

都海江

2020 年 8 月

都海江：故宫博物院党委书记、副院长

序言寄语

　　一直以来，北京校外教育坚持以习近平新时代中国特色社会主义思想为指导，落实全国教育大会和北京市教育大会精神，培养德智体美劳全面发展的社会主义建设者和接班人。"十三五"时期，全市校外教育机构积极投身于"三个一"供给侧改革实践中，通过"培育一批创新项目，建设一批特色项目，发展一批精品项目"，充分发挥校外教育机构活动育人的主阵地作用，满足全市中小学生对优质校外教育的迫切需求。东城区校外教育机构率先主动探索，依据《北京市校外教育"三个一"优质项目评价标准》，持续开展了系列公开观摩课、教师基本功、课题研究等教科研活动，在全市范围内取得了较大影响，在市级"三个一"优质项目评选活动取得了优异成绩。

　　书法是校外教育中一个具有鲜明特点、传承中华传统文化的专业，是践行以美育人、以文化人的有效途径。通过这次校外教育供给侧改革措施，以东城区天坛青少年活动中心刘颖老师为代表的一批校外书法教师们创设出了很多校外书法优质项目。书法与优质项目的结合为校外书法教育的发展带来了新动力，为校外书法教师的职业生涯增添了新机遇，为热爱书法的青少年儿童提供了更优质的教育资源。

　　《行知翰墨》是东城区一批书法教师们近些年来在教育教学和教科研方面的实践经验梳理，是北京市课外、校外教育规划课题《基于学生核心素养下的校外书法社团活动中学习的实践研究》的研究硕果，更是一次对校外书法教育阶段性的总结和提升。通过本书可以发现，校外书法教育在北京市校外教育供给侧改革的推动下正逐步形成其特有的育人理念、课程体系、师资队伍等。这批校外书法教师通过"三个一"优质项目建设，积极探索校外书法教育的新模式，基于儿童发展规律和教育理论设计活动课程，勤于总结和反思才有了今天的成果，并得到了学生和家长的充分肯定。

希望本书能够给所有校外书法教师在教育教学、教科研方面带来新思路、新启发，也希望东城区校外教育教师将来能够给我们带来更多、更丰富的教育成果。

周立奇

2020 年 8 月

周立奇：北京市教育学会校外教育研究会秘书长

序 言 寄 语

　　立秋已至，一年之中的丰收与希望也近在眼前。祝贺北京市校外教育科研课题《活动中学习》圆满结题，恭喜以刘颖老师为代表的12位校外教师付出终有收获，取得了丰硕的书法教育活动理论与实践研究成果。你们以汗水播撒教育智慧，以心血浇灌职业理想，在校外教育科研道路上留下了自己坚实的足迹。

　　书法教育是中小学素质教育的重要组成部分。书法教育不仅仅是一种技能的教习，更是一种文化的修炼和精神的陶冶。课题研究以书法教育教学为载体，进一步探寻书法背后所蕴含的人文精神内涵，充分发挥其潜移默化的育人功能，积极培育学生的核心素养。在技能教学中，关注学生姿势训练，关心学生身心健康；引导学生认真观察，形成自学自悟能力；写好基本笔画，启蒙责任意识；把握结字要领，滋养人文情怀。同时，课题组将校外教育与校内教育紧密结合，搭建教育融合的桥梁，通过学生社团、兴趣小组、实践活动、主题教育活动等形式，开展多元化的书法教育教学，充分挖掘其德育、美育的教育因素，培养学生感知美、鉴赏美、创造美的能力，促进身心和谐发展，塑造良好人格、人生观与价值观，使学生的技能与德行共同成长。

　　书法是中华民族传统文化的瑰宝。为了贯彻落实党的十八届三中全会关于"完善中华优秀传统文化教育"以及《关于进一步加强和改进未成年人思想道德建设的若干意见》等文件精神，把培育和践行社会主义核心价值观融入到学校育人的全过程当中，2017年，东城区教委启动了青少年"文化·传承2030"工程。课题研究在开展书法教育过程中，以书法艺术活动的形式，让学生了解书法历史，加强书法训练，同时，培养学生热爱中华优秀传统文化的感情，增强对中华优秀传统文化的理解力，引导学生感悟中华优秀传统文化的精神内涵，增强文化自信。课题组以书法教育为载体与纽带，提高学生对中华优秀传统文化的价值认同，有力普及、弘扬、传承了中华民族优秀的传统文化。

　　携取秋的果实,更蕴含秋的向往。相信课题的结题不会是终点,而是一个新的起点。希望刘颖老师课题组成员,能够不断学习与探索,继续以课题研究推动教育科研,以教育科研促进东城区书法教育教学的全面发展。期待着校外教育科研之路上大家的坚守与更加精彩的绽放。

柳小兵

2020 年 8 月

柳小兵:东城区校外教研室主任

序言寄语

2017 年 1 月，在中共中央、国务院印发《关于实施中华优秀传统文化传承发展工程的意见》的同时，北京市东城区教育系统启动了"文化·传承 2030"工程，围绕立德树人根本任务，遵循学生认知规律和教育教学规律，把中华优秀传统文化全方位融入思想道德教育、文化知识教育、艺术体育教育、社会实践教育各环节，贯穿于教育各领域。

天坛青少年活动中心认真贯彻落实东城区教育两委的精神，在落实"文化·传承 2030"工程的工作中，发挥北京市青少年学生校外活动基地、北京市东城区国学传承基地、北京市东城区青少年学院课程基地作用，坚持开展校内校外"中华优秀传统文化教育活动"内容资源整合与拓展的实践探索。

以刘颖老师为课题负责人的《基于学生核心素养下的校外书法社团"活动中学习"的实践研究》这一课题，成为天坛青少年活动中心的教师与东城区兄弟校外教育机构的教师共同学习，共同研究，共同交流，共同提高的纽带。

几年来，借助北京市校外教育"三个一"供给侧改革实践推进以及"三个一"优质项目评选的东风，《基于学生核心素养下的校外书法社团"活动中学习"的实践研究》这一课题推进顺利，研究成果显著，本课题组成员中的许多老师领衔或主要参与的书法教育项目获评北京市、东城区校外教育优质项目。

今天，《基于学生核心素养下的校外书法社团"活动中学习"的实践研究》课题顺利结题，凝结着老师、学生、家长心血的《行知翰墨》集结成册，这是以刘颖老师为代表的东城区校外教育机构中十几位优秀教师努力钻研、积极开拓，勇于创新的教育成果。

作为本课题研究的承担机构，我们要感谢在课题研究推进中各位专家耐心细致的专业引领以及北京市校外教育研究室、北京市教育学会校外教育研究会、东城区教委校外教育科、东城区校外教育研究室相关领导给予课题研究以及天坛青少年活动中心教科研工作的大力支持与悉心指导。

　　总结是为了更好地前行——虽然目前我们只是做了带领学生学习、践行中华优秀传统文化的尺寸之功,但我们相信,只要有信心、有决心把工作坚持做好,就一定能够"水滴石穿","铁杵成针"。坚定文化自信要从青少年抓起,引导学生发现中华文化之美,将文化自植于心,潜移默化受到影响,凝聚起建设伟大中国梦的强大力量,我们任重而道远。

2020 年 8 月

李舟:北京市东城区天坛青少年活动中心书记、主任

结题鉴定

　　此课题开题时有明确的研究方向，研究思路。结题时有清晰的研究报告、研究总结。研究成果形式丰富，包含了这个课题组研究团队成员的简介作品篇、感悟反思篇、学生成长篇、家长的心声篇，教师的论文、案例篇……等等，较为全面的记录了课题组的研究方向和研究历程。

　　参与活动中的孩子们最有发言权，谈他们的获得！事实上孩子们是否真的有成长，家长们不仅仅是旁观者也是最有力的见证者！刘颖老师的这个团队非常有智慧，把三方面的声音都汇集起来了！

　　特别是每个老师分别有对于学生，从小到大这一成长之路的成长过程图片的记录，非常珍贵！这一过程还有家长的见证，从大家细腻的语言文字中，我们读到了老师、家长、孩子——每一个人在参与活动过程中，角色的成长。从一张张图片中可见刘颖老师及课题组成员，很重视平时一次次的活动中的积累！学生在活动中的获得清晰可辨！

　　校外教育作为基础教育的重要组成部分，对于中华优秀传统文化的传承，担负着很多社会责任。刘颖老师的课题团队充分发挥了校外教育机构培养、教育学生全面发展的重要场所的作用。在一个个实践活动中，努力贯彻着开题报告中的研究思路，力求生成教师团队成员的成长，实现孩子们在活动中的成长的两条脉络。

　　老师们扎实的课题研究过程，生成的一篇篇活动案例、科研论文，不仅具有一定的理论高度，还有对活动形式和活动途径的新探索、新尝试！跨学科融合体验的活动过程、活动形式，值得肯定！

　　在中华传统姊妹文化融合的研究摸索中，课题团队老师注重了对学习者自身的体验获得的引领；注重凸显传统文化主题的特色；注重增强民族性、开放性、地域性、体验性、闲暇性的活动趣味感，满足学生对传统文化知识的需要，对精神内涵、对文化自信的渴求。

　　希望刘颖老师及课题研究团队里的每一位老师，在未来，能够继续扎根科研一线，做一个有思想的教师，并不断在教育的路上，付诸你们的艺术情怀，研发出更多的具有感染力、表现力，更接近艺术本质的，与孩子们的学习、生活有密切联系的传统姊妹文化活动，成就你们的艺术教育梦想。

　　同意结题。

2020 年 6 月

沈　莉：北京市书法家协会理事、北京市朝阳区书法家协会主席
范天明：中国人民革命军事博物馆书画研究院研究员
孔令誉：中医世家、非物质文化遗产传承人
周海兵：北京市东城区教育研修学院研修员、北京第十届督学

目录

教师简介篇

教师感悟篇

活动案例篇

理论研讨篇

学生成长篇

教师简介篇

　　书法作为我国独有的民族文化，荟萃了中华民族文化的精髓，普及传承书法教育已悄然成为文化自信时代的主旋律。教育是坚定信念、彰显改革的事业，教育是体现关爱、诠释责任的事业。

　　过往的日子，我们一起努力，感受着信念的高度，改革的深度，关爱的温度，责任的力度！我们并肩前行，在办特色校外书法教育教学的道路上，留下的一串串坚实的脚印……

刘　颖

北京市东城区天坛青少年活动中心书法教师

　　全国校外教育名师、高级教师，从事青少年书法教育27年。首都师范大学毕业，北京教育学会书法教育研究会副秘书长，北京市校外专家型兼职教研员，云南省中华优秀传统文化教育专家团成员，北京书法家协会会员，北京东城区先进教育工作者、学科带头人，《书法练习指导》（华文出版社）教材三、七、八、九年级分册教材主编。

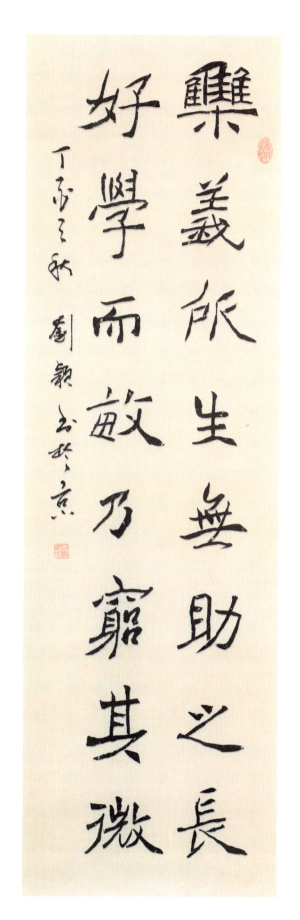

集　句
集义所生，无助之长。
好学而敏，乃穷其微。

王福全

北京市东城区少年宫书法教师

高级教师，从事青少年书法教育 15 年。毕业于北京师范大学，教育部考试中心书画等级考试书法命题组组长、北京市东城区校外书法教研组组长，江西美术出版社《儿童写字正规训练》主编。

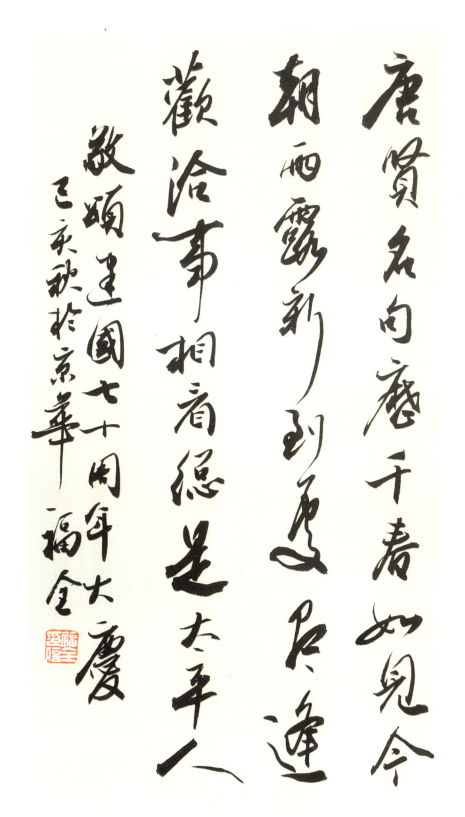

国庆颂诗　启功
唐贤名句历千春，如见今朝雨露新。
到处尽逢欢洽事，相看总是太平人。

苏志敏

北京市东城区少年宫书法教师

　　一级教师，从事青少年书法教育7年。毕业于首都师范大学书法文化研究院书法史专业，文学硕士。中国书法家协会会员、北京书法家协会会员、"十三五"市级重点课题负责人。书法作品入选全国第十届书法篆刻作品展（中国书法家协会主办），并获提名奖；《书法练习指导》（华文出版社）教材执笔者。

径暖草如积，山晴花更繁。
数家村静愍鹦啼，荒寻犬吠昏归来向

即　事　[宋] 王安石
径暖草如积，山晴花更繁。
纵横一川水，高下数家村。
静愍鸡鸣午，荒寻犬吠昏。
归来向人说，疑是武陵源。

张　菁

北京市东城区崇文少年宫书法教师

　　二级教师，毕业于首都师范大学中国书法文化研究院，硕士研究生。北京书法家协会会员，个人书法作品及论文发表于《中国文化报》《北京日报·京郊日报》《青少年书法报》《北京市课外校外理论研讨会文集》等报纸刊物，论文多次获得国家级和市级奖项。书法教学中因材施教，善于激发学生的学习兴趣，所辅导的学生在各种书法展览和比赛中多次入展、获奖。

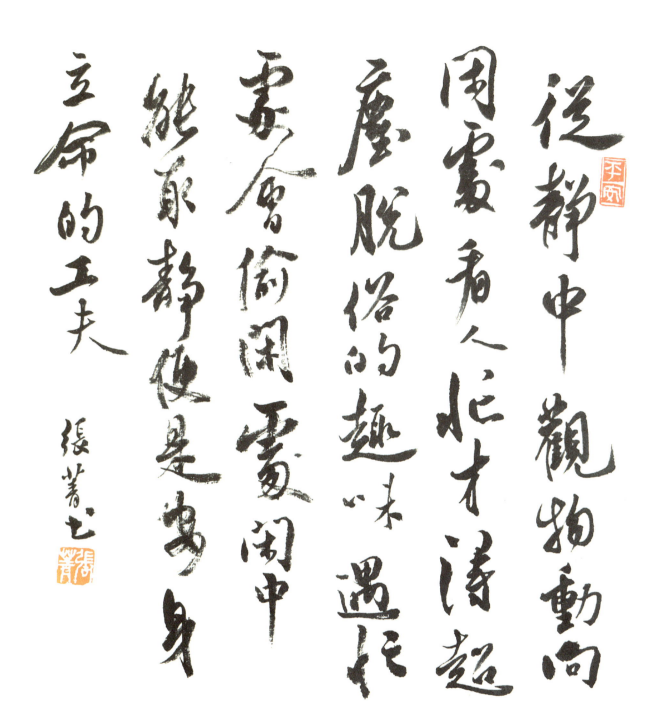

从静中观物动，向闲处看人忙，才得超尘脱俗的趣味。遇忙处会偷闲，处闹中能取静，便是安身立命的工夫

张菁书

《菜根谭》句
从静中观物动，向闲处看人忙，
才得超尘脱俗的趣味。
遇忙处会偷闲，处闹中能取静，
便是安身立命的工夫。

张　蓬

北京东城区地坛青少年活动中心书法教师

　　一级教师，从教 12 年。毕业于首都师范大学书法专业，中国硬笔书法协会会员、中国书画协会北京分会会员、北京市东城区书法家协会会员。

明月几时有，把酒问青天。不知天上宫阙，今夕是何年。我欲乘风归去，又恐琼楼玉宇，高处不胜寒。起舞弄清影，何似在人间。转朱阁，低绮户，照无眠。不应有恨，何事长向别时圆？人有悲欢离合，月有阴晴圆缺，此事古难全。但愿人长久，千里共婵娟。

水调歌头　[宋]苏轼

明月几时有，把酒问青天。不知天上宫阙，今夕是何年。我欲乘风归去，又恐琼楼玉宇，高处不胜寒。起舞弄清影，何似在人间。　转朱阁，低绮户，照无眠。不应有恨，何事长向别时圆？人有悲欢离合，月有阴晴圆缺，此事古难全。但愿人长久，千里共婵娟。

赵崇辉

北京东城区天坛青少年活动中心教师

一级教师，从教31年。北京市东城区教育系统"育人奖"获得者、北京市校外教育"三个一"优质项目核心组成员、北京市东城区校外教育"百优"精品项目核心组成员，少儿美术创新课程系列《我们一起写字吧》（人民美术出版社）编委。

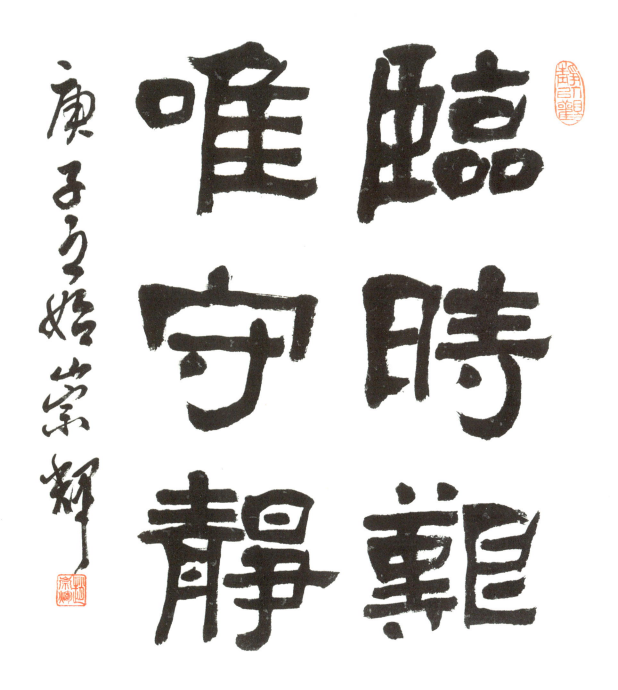

名 言
临时艰，唯守静。

王建民

北京市东城区崇文少年宫教师

　　一级教师，从教 30 年。毕业于首都师范大学书法专业，北京市基础教育课改先进个人，北京市校外教育"三个一"优质精品项目负责人；中国非物质文化遗产保护协会会员、北京市东城区书画艺术研究会会员。书画作品多次刊登于《中国城市年鉴》。

满园春色（国画）

崔　岩

北京市东城区地坛青少年活动中心教师

　　一级教师，从事书法教育教学工作 26 年，毕业于首都师范大学书法专业。东城区书法学科兼职教研员，北京市教育学会书法教育研究会会员，东城区金石拓片艺术实践基地负责人。

江碧鸟逾白山青

花欲燃今春看又

过何日是归年

乙亥秋月 宏宽

绝 句

[唐] 杜甫

江碧鸟逾白，

山青花欲燃。

今春看又过，

何日是归年。

朱海玲

北京市东城区崇文少年宫书法教师

　　一级教师，从教 26 年。毕业于首都师范大学中国书法文化研究院，硕士研究生，北京书法家协会会员。在教学中善于把传统的书画知识与技法相互渗透，并结合学生的年龄特点和心理特点因材施教。

雲林山景多平遠開
府文章自麗新北海
書宗王令軆蕆山詩
有拾遺神 海玲

集 句

云林山景多平远，开府文章自丽新。
北海书宗王令体，义山诗有拾遗神。

李 蕊

北京市东城区天坛青少年活动中心书法教师

　　一级教师，从教 27 年。中国硬笔书协会员，毕业于北京教育学院书法艺术专业，师从书法家薛夫彬、张有清先生，系统学习了真、草、隶、篆、行各种书体及篆刻、书法史，辅导学生在书法比赛中获奖。

古诗抄录（硬笔）

陆　璐

北京市东城区明城青少年活动中心书法教师

　　一级教师，从教 21 年。北京市书协会员，国家三级美术师。2016 年，书法作品在"全国校外书画艺术教师优秀作品评展"活动中荣获二等奖；2017 年，在东城区"教育教学活动教（方）案"评选中荣获一等奖；课程"印宗秦汉，临摹汉印"获东城区课程评比二等奖；《书法与篆刻》获北京市活动资料评选三等奖。

樂毅論　夏侯泰初

世人多以樂毅不時拔莒即墨為劣是以敘而論之夫

求古賢之意宜以大者遠者先之必迂迴而難通

然後已焉可也今樂氏之趣或者其未盡乎而多

劣之是使前賢失指於將來不亦惜哉觀樂生遺

燕惠王書其殆庶乎機合乎道以終始者與其喻昭

王曰伊尹放大甲而不疑大甲受放而不怨是存大

業於至公而以天下為心者也夫欲極道之量務以天

下為心者必致其主於盛隆合其趣於先王苟君臣

同符斯大業定矣于斯時也樂生之志千載一遇也亦

將行千載一隆之道豈其局蹟當時止於兼并而已哉

夫兼并者非樂生之所屑強燕而廢道又非樂生之所

求也不屑苟得則心無近事不求小成斯意兼天下者

也則舉齊之事所以運其機而動四海也夫討齊以明

燕主之義此兵不興於為利矣圍城而害不加於百姓

此仁心著於遐邇矣舉國不謀其功除暴不以威力此

至德

而後殘缺學而習之 己亥八月臨璐書

《乐毅论》节选（小楷）

王牧本

北京市东城区青少年科技馆教师

　　一级教师，从教 16 年。毕业于中国人民大学函授学院，曾荣获校外教育优秀辅导员、全国"书承师道"比赛 100 强称号，并获北京东城区教育系统"育人奖"、东城区教育系统教师书法比赛二等奖。

寒雨連江夜入吳平

明送客楚山孤洛陽

親友如相問一片冰

心在玉壺

錄王昌齡芙蓉樓送辛漸

時在己亥孟夏牧本书

芙蓉楼送辛渐

［唐］王昌龄

寒雨连江夜入吴，

平明送客楚山孤。

洛阳亲友如相问，

一片冰心在玉壶。

教师感悟篇

书法的最终追求是美，美在形式，美在内涵，美在韵味，美在宁静，美在和谐，美在灵动，美在奔放。世间万象的美，书法中皆有，这就是书法的魅力，书法的力量。

我们在生活中调整自己的情绪，在书法中挥写自己的感悟，我们作品中，那些奇妙的神来之笔，我们思想里那些瞬间迸发的情感，都是无法复制的。

书道生活

■ 刘 颖

书道生活，致知吾墨。这是一个自我沉浸在书法专业里孜孜以求的过程，同时也是我们引领孩子们在他们彼此认知的书法的世界里徜徉求索的过程。这里见证着我和孩子们共同的成长！

书法不是单纯的一门学科，它既可以体现出古典诗词歌赋的文学情怀，琴瑟合鸣的节奏韵脚，又能展现出绘画布局中错综繁复的构图美，以及舞蹈律动中的流畅灵逸的线条美。

我设计的每一次的美育活动都是对孩子们审美感知、表现、鉴赏能力以及创造美的能力的引领；更重要的是帮助学生在活动中树立美的理想，发展美的品格，培养美的情操，最终形成美的人格和心灵的目的。

书法传统文化活动的开展，是一种在循规蹈矩前提下的创新的传承，特色的传承。我带着孩子们从更多学科的领域来找寻着与书法的契合。

孩子们愿意将自己的书写能力展现出来。我就尽力给孩子们搭建走进社区、

接触社会的平台。孩子们娓娓道来不仅是轻松的表情、自如的言语，更有成长的自信。

大数据的调查，记录了我和孩子们核心素养能力的成长。观察能力、创作能力、协调应变能力、交往能力、责任感、组织能力的提高是不争的事实。

书法是艺术更是生活。他可以高雅到在舞台上绽放，也可以平民化就在身边。一波波孩子们在书法社团里长大了。

曾经站在桌子前的小娃娃，成长为学校书法社团里绝对的骨干，如今更是可以站在自己的书法展览作品前，面对镜头和大专家侃侃而谈。

站在长卷前书写的小小少年，如今已经是首师大历史系考古专业大四的学生了。我带领美籍华裔青少年开展寻根之旅体验活动时，他已经可以担任助教翻译。

对于美的理解、对于如何利用书法元素构置摄影画面，一个个臭美小妞、帅小伙已经亲自"操刀"来表达她们的创意！社团图片中那些唯美的构图意境、耳目一新的角度、亦或梦幻朦胧的光影、气氛宁静的效果，大都是出自这些小主们的手机镜头。从儿时的兴趣到今天志趣的转换，"吾墨堂"留下了太多这样的记忆。

治印传承

■ 王福全

篆刻教学有助于倡导民族精神，弘扬中华传统文化，可以更好地促进学生素质的全面发展。

对于初中学生来说，篆刻作为美育的一个切实可行的途径，可以有效地促进学生对美的创造和欣赏能力的提高。实践表明，篆刻艺术中经常运用的平稳均衡、对比和谐、呼应顾盼、变化统一、残缺、阳刚和阴柔等美学原理，都是很好的美育切入点。

初中学生已有一定的文化知识的积累，理解能力较强，学习篆刻可以进一步提高文化修养，增加文化底蕴，执刀刻章，可以培养学生的动手能力，促进手、眼、脑的配合，发展手部和腕部小肌肉的力量和灵敏素质。

我发现学生对印章的话题总是很有兴趣，每每涉及篆刻实践活动的气氛很活跃，学生呈现出对于此类活动内容渴求的眼神。印章实践活动的设置对于丰富学生的知识面，拓宽学生的眼见有

很大的帮助。让学生多了解一些印章的知识，对于中国传统篆刻印章文化的传承自不必多言。让更多的学生拿起刻刀和石头，将手工篆刻的技术传承下去，才是我的心愿。

每一次的篆刻实践体验活动，我都会根据学生心理特点设计动手操刀的体验！我试图实现观察与操作，认知与情感，知识与

能力，模仿与创造，智能与审美，主导与主体的有机结合，促进学生的操作能力、团队协作意识和审美素养的形成和发展。

每次设计篆刻活动我都会注重学生学习能力、学习的方法培养。强调学生的自主性学习，学生是学习的主人，是体验动手操作的主体，是技术探究的主体。活动中充分调动全体学生的参与感，注重学生间的交流学习和团队协作。激发了学生的主动性、创造性和独立性，以及发现问题、分析问题、解决问题的能力。

在活动评价时，更是以老师评价与学生自我评价相结合、作品的终结性评估与平时的形成性评价相结合，有利于学生正确看待自己的长处与弱点，有利于学生的不断进步和超越自我。

携手高校·牵手专家

■ 苏志敏

东城区少年宫作为东城区青少年学院的执行基地，非常重视对书法传承的日常教学和以传统文化为内容的书法教育教学活动的开展。2012年我们成立了以首都师范大学教授、中国书法家协会理事、北京书法家协会副主席叶培贵先生领衔命名的"培贵书法工作室"。吸纳了东城区50余位优秀书法专业教师为工作室成员。定期有针对性的对这50所学校的专业老师，开展以促进书法教育教学活动为主旨的研究指导活动，并亲自参与到孩子们的活动中，其目的就是让更多的孩子们在书香墨韵的艺术感染中，受到熏陶感悟到美好。

2018年新年，我们以"培贵书法工作室"的名义，联合了培贵书法工作室所有校内外书法教师，在炎黄艺术馆，举行了为期一周的师生书法教育教学活动成果展。此次展览共展出师生书法作品近千幅。并在现场搭建了以媒体、叶导、书法家们

与书法社团学生之间交流的笔会活动。活动现场非常热闹！

"书法家刚才给我示范写了一个字的小作品！"

"那个大领导看完我写字，夸我半天"！

"刚刚教委的大领导还和我，在我的作品前，合影了"！

"叶导给我提了两个问题，我全答对了，这一段还被记者拍上了！"

我刚刚没说对问题，那个老师还安慰我，别着急！

……回来的路上，我静静地听着孩子们的交流，此刻他们激动得手舞足蹈，彼此间争相的高八度的言语，孩子们得到了叶导、大书法家面对面的指导，或许会成为他们一生的美好回忆！

中国书法家协会、中国文联出版社、文化部、东城区人民政府教育督导室、东城区教委、东城区青少年学院等单位领导，首都部分高校书法专业教授和参展师生在研讨会上畅所欲言，共同探讨，未来推进书法进校园工作的多项重要举措的落实。其实我们的每一项书法社团教育教学活动的开展，都是在推进中华优秀传统文化在校园的传承和发扬，规范汉字书写，培养学生良好的写字习惯和意志品质，鼓励青少年"写好中国字，讲好中国故事"，都是在展示书法社团孩子们的成长，全面推进对学生核心素养的落实。未来，各路名家大咖仍会继续助力书法社团少年们的成长，为孩子们搭建更广阔的学习和交流的平台。

以展示激发兴趣

■ 张 菁

当今的社会发展很快，各种校外课外的活动丰富多彩，好的课程设计能够激发学生的学习兴趣，培养多种核心素养能力。如何在我的书法教学中建构核心素养下的综合活动课程是我需要思考的问题。

在传统的书法教学中，存在着过于注重书写技法的训练，忽视了书法与人们生活的密切关系。比如，在经典碑帖的临帖教学中，学生由于不知道临帖的目的，如何准确高效的临帖方法，于是就会进入被动式学习，甚至有抵触情绪。一旦开始消极学习，那么临帖的过程和结果就会陷入痛苦的循环，进步很慢。针对教学中存在的这个问题，我们需要思考如何才能进行愉快而有效率的临帖学习呢？

需要改变传统，教学内涵和途径与儿童的生活割裂严重。由于学生很少有机会把书法与生活建立起联系，他们的学习表现出动力不足，进而反映在临帖的水平上。在教学中，我尝试设计主题书写展示活动，激发学生的创作热情，在创作完成作品后，举办班级或者学校小型书法展览，亦或是把作品悬挂展示于教室内、楼道镜框中。老师引导学生发现书法艺术可以装饰我们的空间环境，书法作品为环境增添了文化气息。当学生意识到书法作品的审美文化功能后，就会有意识地把字写得更好，自己书写的心情也变好了，进而就会在日常的临帖中认真起来，而不是仅仅应付老师作业了。

书法班的学生王乐涵，一个刚开始学习书法兴趣不足的学生，作业偶尔会应付一下老师。当王乐涵第一次看到自己的书法作品悬挂在学校展示，她自己高兴和激动，还和妈妈说："这幅作品的书写还可以更好的。"下一次书法课，王乐涵的作业数量和质量有明显进步。后来，王乐涵和我说："老师，我发现字帖上这些字写的太美了，我喜欢写书法了，我还要多练习，创作不同内容的作品。"

核心素养下的书法教学方法，让我明白教授学生的不仅仅是学科的知识和技能，而更加重要的是育人。我的关注点从书法学科转移到书法学科背后的人，核心素养教育下要培养会生存、会生活和会创造的人。那么在学习书法中我们必须时刻聚焦学生的学习，不断持续提升学生的书法学习力，从技能教学走向素养教育。

研学活动中导入"晚课"模块的思考

■ 张 蓬

　　说实话，研学晚课在设计之初的确有些担心，在经过了一白天的奔波活动之后学生能否可以投入其中并收到多大的实效，的确没有十足的把握。

　　此次日本研学的实践告诉我，不能低估了孩子们的能量和精气神。但晚课的内容一定要紧扣研学行程中的实际内容，才能激发学生的学习热情。行前我原本准备的是"天下三大行书"的内容，而到日本后我临时调整了晚课内容。

　　首先是根据第二天的研学任务做预习晚课。目的一，预热知识，为第二天的博物馆学习做铺垫；目的二，通过晚课提升学生

对活动的期待感。

其次，趁热打铁的复习晚课。白天在对博物馆藏品临摹的基础上，晚课结合临作进行书画小品创作，创作过程老师全程做个性化指导，收到了意想不到的良好效果。

最后一次的晚课，变成了一场难忘的师生笔会。其一是弥补学生们白天在东京中国文化中心中、日书法友人新春笔会上创作的意犹未尽，更重要的事是研学晚课最后一晚孩子们要互赠书作，表达结交新朋友的欣喜之意和马上要结束研学的惜别之情。同学之间的互赠、师生之间的互赠，彼此之间珍视的不仅仅是书画作品，也是因研学活动而结下的深厚友情，更是以书法文化为纽带的中华文化的价值认同！

养书法之心　树素养之德

■ 赵崇辉

　　书法是中华民族的根文化。书法实践活动其内涵蕴藏着培养学生核心素养的丰富资源。要明确在书法实践活动中"立什么德、树什么人"的根本问题，这是学习方式和教学模式的变革。书法实践活动是落实中华文明及培育学生各种核心素养的重要载体和有效途径。

　　首先，在书法实践活动中，挖掘书法家的故事，在故事中提炼核心素养，培养核心素养。每一次活动，我们都来认识一位书法家。书法家的生活故事丰富多彩，很多轶事趣闻都蕴含着大量的核心素养信息，适当选取加工后融入课堂，既可以拓展学生见识，又能创造美好的课堂教学意境，使学生见贤思齐而心向往之。

学生在故事中体味出射出的人文情怀，这是种很好的人文积淀。

其次，在书法实践活动中必须融合习要素的培养和责任担精神。要乐学善学，能确认识和理解学习书的意义，逐步培养积极学习态度和浓厚的学兴趣，养成良好的书写惯。这其中，最重要的引导认真观察，形成自能力。

能够细致观察感悟书法的基本笔画、结体规律、字内字外的空间布白直至作品的章法。同时，在观察写好基本笔画的同时，萌发一种责任意识。基本笔画的书写总是伴随着相应的字出现，由此，我们可以发掘出个人离不开集体，家庭离不开祖国的素养元素；在整体字的书写中，每个笔画都是和谐的，如果一个笔画安排不好，就会使整个字黯然失色。每一个字都有一个主笔画，

这个主笔画在整个字中，具有的是一种担当精神，对整个字形的美做了突出贡献，是整个字的精彩所在。这如同每一个社会成员都能对整个社会做出自己的贡献，这都是同等重要的。

最后是在书法实践活动中要融入意志品质的培养。注入学习书法的动力，乐化学习过程。古人在练习书法的过程中，是吃尽苦头，矢志不渝的。我们则不能要求学生像智永禅师那样七年不下楼，笔成冢，墨成池，但是要让学生立下志向，做有志者事竟成的人。在书法学习中，要经受"疲惫期"，要跨越"懒惰"的障碍。关注学生的身心健康，关注学生的终生成长，让书法学习贯穿孩子的一生，成为不可替代的学习动力。

在书法实践活动中，要不断开发资源、整合利用资源，积极有力推进书法教学实践活动，以核心素养为血液精髓的书法之树一定会开枝散叶，并终将参天。

书法教学中的跨学科引领

李 蕊

教育部在《关于全面深化课程改革，落实立德树人根本任务的意见》指出，"研究制订学生发展核心素养体系和学业质量标准"，认真落实"培养什么人、怎样培养人"的现实问题。基于核心素养来规划和实施学校课程建设，成为校外教师在教育教学活动中必须要面对的重要议题。

从专职的美术教师转作一名硬笔书法教师，跨学科实践不仅发生在自己身上，更让我在日常活动中有机会更好的将跨学科的活动理念贯彻执行的更彻底！

学习写字首先是要引导孩子们找到一本合适的字帖当教材。这里合适的字帖有两个意思，一是指正规的出版社出版的符合汉字规范的字帖，第二是指符合个人性格的字帖，大家都知道字如其人，不同性格的人写出来的字会很不一样，如果你是个文静内向的人，那么你就不宜选择豪爽硬气的字帖来进行练习。

练习书法，就是要引导孩子养成在练习之前先进行观察的好习惯。仔细观察每个字的结构，然后再下笔临写，每一笔画都要

临写到位，这样写出来的字才够美观，也只有这样才会取得事半功倍的效果。临摹是学习书法最基本的方法，不但初学书法要临摹，就算有了一定的基础之后还需要临摹。学楷书需要临摹，学篆、隶、行、草各体书仍需要临摹。书法家的一生都是在临摹中渡过的，在临摹中学习，在临摹中思考。

持之以恒。培养孩子练习书法不是一朝一夕就可以成功的事情，坚持是取得成功的前提。在学生群实行打卡，每天无论有多忙，我和孩子们都要抽出时间来写，哪怕只能写几个字、几行字，我们也一起相互监督。

学习是需要方法的。我有意识的引导孩子们留存不同时期的书写作品，进行比对。用以勉励孩子在成长路上的自信积累。孩子们有进步了，日后练习的积极性就会更高，同时通过对比自己的字和字帖的差异，找到自己的不足也可以有的放矢的进行纠正。

日常参与活动的孩子年龄偏小，引导学生读帖，学书善悟也是必不可少的。教会孩子们从读帖中领悟古人对汉字结体的布局理念；从读帖中领悟古人流传下来墨迹的书写心绪。认真读，反复体味，悟出其中的法度和韵味，便会加深自己在头脑中的印象。时间久了自然而然地化入自己的书法感悟之中，形成了自己的风格就是迟早发生的事了！

硬笔书法学科在教学过程有意识的将语文、历史、地理、美术等学科融合贯穿起来。

我们在四季课程的开展的过程中，将孩子们引领到世界名画中对季节刻画的欣赏领域，从色彩、审美、常识等等若干领域提高孩子们的文化修养，缓解相对单纯的硬笔书写练习，既提高了孩子们参与学习的兴趣，同时又带领学生全方位立体的感知了季节带来我们生活中的各种变化、各种美好！教学相长，正所谓饱读诗书气自华！

传承捶拓技艺

■ 崔 岩

拓片制作是我国古老的传统技艺之一，至今已有1500年的历史。它能够清晰、完整、准确、生动、真实地并且原比例地再现了古代艺术的神韵，当今高科技技术也难以达到其"原汁原味"的效果。这门技艺，知道的人寥寥无几，能做到专业水准的更是少之又少。了解和传承这古老的捶拓技艺是我们的责任。

开展传拓活动中，每每听到学生提出的疑惑，"帖上的字是怎么来的，是古人直接写的吗？为什么有些字残缺不全？"我觉得有必要让学生了解传拓的知识。

学生在参与制作拓片的过程中，深刻体会到做任何事情，不得走半点捷径，只有脚踏实地，才能实现自己的目标。从前期的准备工作，到后期的开展活动；从撰稿、书丹、刻石，到尝试制作拓片；从洗碑、上纸、刷白芨水，到敲打、上墨，最终成功揭下拓片。每一步都是严

格按照要求做的，可以说一丝不苟，没有半点松懈。学生们不厌
其烦，反复试验，表现出屡败屡战，百折不挠的学习品质。

上墨的过程中，学生们遵循着老师所说的慢慢着色的原则，
在将近40分钟的拓印过程中，一直在重复着同一个动作，那就
是捶拓，这只手累了，就换另一只手；或是直直腰、晃晃头，甩
甩胳膊、抖抖肩，然后继续。眼看着拓片的颜色由浅入深，逐渐
变得墨色均匀，黑白分明。在不懈的努力下，最终每位学生都制
作出一件令自己满意的拓片作品，那种成功的喜悦溢于言表。

学生在参与拓片制作的体验活动，开阔了眼界，拓宽了学习
范围，使他们知道，学习书法不只是写字和临帖，其实书法所涵
盖的内容是非常丰富的。活动中，学生不但了解了历史知识，学
会了一项技艺，还经历了从刻石到拓片的全过程，即：撰文——
书丹——勒石——制成拓片。更重要的是，学生的耐心、细心、
持久力和坚忍不拔的意志品质都经受住了考验和磨练，对他们今
后的学习乃至人生都会起到一定促进的作用。

躬耕书法之沃土

朱海玲

中国书法具有工具性和人文性的双重特征。书法作为中华民族的传统文化，其内涵蕴藏着培养学生核心素养的丰富资源，是落实中华文明及培育学生各种核心素养的重要载体和有效途径。这些核心素养的形成，绝非一日之功，需要我们每一个书法教师在长期的教育实践中辛勤耕耘。

核心素养主要体现在身心健康、人格健全和人文情怀等方面。书法活动中要唤醒核心素养。将书法家轶事趣闻融入活动中，拓展学生见识，使学生对书法充满向往。

书法理论是古代书法名家留下的关于书法认识、技法秘诀等的宝贵心得和论著。书法理论的学习和融合是书法社团活动的重要内容。理论学习是引导学生从一个高度，理解书法现象的认知升华，通俗易懂的语言，便于理解，对其他学科也能起到融会贯通的作用。

在赏析经典作品中培养审美感知。"书法的最终追求是美，美在形式，美在内涵，美在韵味，美在宁静，美在和谐，美在灵动，美在奔放。世间万象的美，书法

中皆有，这就是书法的魅力，书法的力量。"经典书法作品之所以成为经典，尤其源于其深刻和完美的形式与思想，是书法理论和书法技法取之不尽的源泉。古今书法家，绝不仅仅因为其字写得好，其内容往往文质兼美，因作者才华横溢而流光溢彩。

鉴赏水平是人综合知识水平的体现，也是学生学习书法知识积累程度的体现。在很大程度上，人的鉴赏水平越高，书写进步就越快。另一方面，鉴赏水平的高度，是随着人书写程度的进步和知识的积累而提高的。因此鉴赏水平和书写水平是相互制约、相互促进，共同发展的。

写好基本笔画，萌发责任意识。引导学生细致观察，从不同角度感悟书法的基本笔画、结体规律、字内字外的空间布白、作品的章法，规规矩矩的写好基本笔画，写好汉字。把握结字要领，滋养人文情怀，强调团队合作意识，培养持之以恒的毅力。学习书法要有顽强的毅力，这是学书法的关键性问题，及时肯定和鼓励，是学生爱上书法的动力。

书法指向学生健全人格的形成，指向学生各项能力的形成，指向培养学生核心素养，指向学生终生成长，只要我们善于开发资源、整合利用资源，"书法之树"必将参天。

师者行者·助力书法教育

■ 陆 璐

　　东城区金帆书画院秘书处以东城区《东城区关于加强学校美育工作的实施意见》为指导，在校外教育科的领导下，努力为东城区中小学生书画教育，搭建书画展览、比赛活动的平台。作为其中一员，承担相关书法工作，从中获益成长。

　　加强学习，提升核心素质，促进专业成长——加强自身专业学习，提高书法的教育教学能力和书写参赛能力；积极参加北京市金帆书画院及区校外教育科组织的各类培训；秘书处例会加强对美育文件及工作规范的学习，提升业务能力和管理水平。

　　广泛开展调研，加强与学校的沟通和联系——主动参与秘书处开展对学校开展书画教育调研工作，深入一线了解学校书法教育的现状、特色做法及意见建议，为更好地服务于全区中小学金帆校的工作，探索新思路。

　　全面推进东城区中小学生汉字书写工程，了解试点校工作进

度，制定区级试点校工作实施方案。设计制作字帖，完成书写视频录制。

2019年6月，为庆祝中华人民共和国70周年，以东城区第二十二届艺术节书法作品为主要内容，开展东城区中小学生书画展及现场笔会活动，展示我区学生书画教育成果。参与举办东城区第二十三届艺术节个人项目作品类比赛策划、组织现场比赛，促进全区书法教育的普及和推广。

"亲其师，信其道"，作为教师，始终以学习为人生目标，提高自己的专业，从工作的角度，广泛服务于全区的书法教育为己任，从中体验，丰富自己的教育人生。"师者所以传道授业解惑也。"以此为方向，永远探寻实现真正意义的师者、行者。

教学相长·一师一生一友

王牧本

中国的书法艺术源远流长，我们能做的就是引领学生在这条道路上慢慢求索，做到更好！忠信诚笃；龙飞凤舞；精诚所至，金石为开；壮思风飞、凝思静听；尚志、静笃……都是孕育着无穷智慧和雅致的词汇。书法就是这样，集文字美，形式美，格调美，韵律美为一体。

书法社团活动，为周末时间，对学生来讲这是一个循序渐进的学习过程，学习书法掌握方法和要点，是学好的捷径。引导学生们知道书法线形、线质、线律、线构，这些专有词汇的意义。

其次了解汉字字与字的之间的关系。许多初学的学生都只会注意到笔画间的连线，却注视不到笔断意连的空中动作，看一笔写一笔，笔笔堆积成字，再集结成篇。临帖就显得非常重要。

对每一位想写字的人来说，临帖是每一位书者必修的课业，是一生都要做的，最基础的功课。书者在不同阶段对字帖的理解会有不同。因而我平时对学生临帖采取因材施教，兴趣至上的原则。活动中学生们可以去选择临写楷书、草书、隶书、篆书不同的字帖，目的是把学生的兴趣打开，视野打开。

书法是中华民族的传统艺术之一，它集实用性、艺术性、广泛性、深刻性、独特性于一身。科技馆书法社团活动，学生们在老师的点拨下，逐步学着展纸蘸墨，运腕挥毫的感知。

学习书法讲求个"静"字，学习的过程环境要安静，内心得平静。同学们从初学写字时手抖得厉害，墨色不能把控，常常是"深深浅浅"，到逐渐成熟，把握住字态，是一个成长认知的过程。孩提时帮学生打好牢固的底子，成人后即使再提笔、再蘸墨，心神也会合一！

活动案例篇

汉字是文化的基因，是文明传承的载体。

我们始终以学生素质的优秀为培养目标，努力把学生培养成拥有快乐学习能力的人，能从学习书法的活动中获得快乐，爱上对书法的学习，爱上对传统文化的追随，能和传统文化谈上一生的爱恋。

与此同时我们也在努力把学生培养成有自主学习能力的人，能够按照孩子们自己的兴趣，安排自己的学习，学会自学，学做终生学习的主人。

韵致芳华

——书法课堂活动方案

■ 刘 颖

一、活动主题内容

春主题：一天之计在于晨，一年之计在于春，一生之计在于勤

二、活动时间地点

2017.3.16—23. 上午 9：50—11：00 204 教室

三、活动规模及学生

培新小学五年级 2 个班学生 33 人

四、活动目标

通过此次活动，加深学生对"春"主题内容的理解。明了一天之计在于晨，一年之计在于春，一生之计在于勤的内涵。

通过对这个作品的书写训练，进一步推进学生对于笔形特点、临写位置和执笔姿态，书写姿势，书写节奏等要求的明确理解。实现对学生观察能力的再训练，引领学生对美的理解、和感知能力的提升。

五、活动依据

在此次活动中，有对"春"主题内容的理解，有对传统书房文化内容的渗透，有对文学诗词知识的吟诵解读。丰富学生体验多种学科融合、和互联网＋的新的活动模式。在学院日系列活动中，书写有所得，体验有多得。从而实现对学生核心素养培养计划的落地实施。

六、活动准备

教师准备：电脑展台、相关 PPT、文房书写工具

七、活动重点

加强对学生的文化引领；

强调对学生书写坐姿、执笔方式、书写姿态等正确习惯的培养；

帮助学生在技法上，实现笔画位置结构的准确观察临写。

八、活动难点

帮助学生养成正确的临写方法，逐步渗透联系性学习、拓展性学习的学习习惯。

九、活动形式

讲解与练习结合 书写与朗诵、诗词赏析等多种体验结合

十、辅导方法

讲解示范辅导讲评

十一、活动过程

（一）欣赏——春天的景致

目的：一天之计在于晨，一年之计在于春，一生之计在于勤

（二）引出书房文化新授

1. 对御书房简单陈设的了解

2. 对匾额《三希堂》的解读

3. 对相关春景诗词的欣赏与诵读

（三）韵致芳华的临写练习

1. 书写过程中，教师播放音频，为学生营造出作品诵读的氛围。

2. 学生书写，教师巡视辅导

（四）活动测评

1. 作品展示。

2. 师生对课堂作品的评价。

（五）合影

十二、活动反思

（一）所有学生的书写能力，完成了既定的书写内容，但优秀的作品呈现的不多！

（二）学生对御书房的陈设，对匾额文化、对"三希堂"的认知，兴趣点较浓！

（三）对相关春景诗词的欣赏与诵读，丰富了学生的修养，但不是一次活动可以解决的，本次活动是个引子！

（四）第二个班次的学生体验，书写能力强的学生书写内容，与书写能力弱的学生书写的内容有区别！注重每一个学生都有成功的活动体验！

书写春天

——硬笔书法活动方案

■ 李 蕊

一、活动依据

课程改革不断深化是现实的背景，教育部在 2014 年 4 月颁布的《关于全面深化课程改革，落实立德树人根本任务的意见》中指出，要"研究制订学生发展核心素养体系和学业质量标准"，认真落实"培养什么人、怎样培养人"的现实问题。基于核心素养来规划和实施学校课程建设，成为我们校外教师在教育教学活动中必须要面对的重要议题。

二、学情分析

本组学员经过一学年的基本笔画、偏旁部首学习，有一定的书写基础，本学期开始独体字结构，合体字结构的学习，中间穿插着阶段性学习成果检测，最终完成一个小作品的书写。

三、活动地点

204 书法教室

四、活动内容

普及艺术知识；讲解咏诵春天不同时节的古诗、散文；书写一首关于春天的内容。

五、活动目标

1. 让学生了解美术中关于春天的名画，诗词中关于春天的古诗和散文。

2. 克服书写中出现的问题，保持字的大小一致，书写尽量做到整齐、规范、美观。

3. 完成一幅关于春天的散文作品。

六、重点难点

保持字大小的一致性　书写整齐　规范　美观

七、辅导方法

讲解法演示法

八、活动准备

铅笔或钢笔　硬笔书法书写纸　彩色卡纸　胶棒

九、活动过程

（一）师生问好　出示今天主题——书写春天

（二）给学生讲解美术中关于描写春天的名画

齐波提切利《春》；梵高《开花的杏树》；郭熙《早春图》

（三）请同学们背诵关于春天的古诗

（四）教师出示描写春天的诗：

1. 春夜喜雨（杜甫）	2. 鸟鸣涧（王维）
3. 惠崇春江晚景（苏轼）	4. 咏柳（贺知章）
5. 春晓（孟浩然）	6. 题都城南庄（崔护）
7. 游园不值（叶绍翁）	8. 村居（高鼎）
9. 大林寺桃花（白居易）	10. 清明（杜牧）
11. 春日（朱熹）	12. 江南春绝句（杜牧）

（五）教师出示描写春天的散文.

1.《春》朱自清

2.《不知多少秋声》林清玄

（六）请同学们欣赏朗诵朱自清的《春》

（七）带领学生们抄写林清玄的散文《不知多少秋声》

（八）巡视纠正这些问题

首先要培养正确的书写习惯——

1.坐姿：头正　身直　臂开　脚平，要注意纠正歪头　歪身　翘腿等。

2.执笔：拇指食指在笔杆上面，中指在下面，成三指捏笔状，无名指与小拇指依附在下，手心成空心状。

3.速度：书写笔画保持均匀的速度，要做到把一个笔画写完整之后再继续写下一个笔画，不要追求快写，保持平稳书写的过程。

其次，要掌握基本的书写方法。

1.完整：笔画形态要写完整，大小笔画都要写出入笔，行笔，收笔的过程。

2.平正：要以笔画的平稳，舒展来保证字形的平正.书写中要尽可能把字形写均匀，以不歪斜，不乱写，不快写为好。

最后尽量做到书写整齐、规范、美观，保持字大小的一致性，完成一幅作品。

（九）请同学们朗诵今天的散文

十、学员思考

通过今天的学习，同学们了解了古时候的人在春天的不同时节，不同心情写什么样的古诗，同学们在熟读，熟背古诗的情况下，可以尝试自己作诗。

十一、活动反思

本次活动是学完独体字结构的一个小结，每个学生完成一幅小作品的书写，意在检测前面的学习成果，同时也是为硬笔书法单纯的书写而设计组织的一次活动。艺术是相通的，美好的事物也是有共同的地方。通过对美术作品中对于春天的歌颂与赞美，结合语文中古代诗人对春天的表述，现代文学中散文诗人对春天感性的解读，使学生对春天这个四季中最美好的季节有一个立体丰富的认知。教育改革纲要中提及校外活动要体现跨学科的融合。

这次活动包含着美术，语文，书法，朗诵等各学科相互渗透。在准备过程中，也由于教师本人知识面的局限，所以呈现的还不够丰富，未来我也还要不断丰富自己的学识和修养，为能更好、更全面的完成一次生动有趣的活动而努力。

赵体行书"有"字的书写体验

苏志敏

一、活动依据

（一）教育部颁发的《中小学书法教育指导纲要》中明确指出："汉字和以汉字为载体的中国书法是中华民族的文化瑰宝，是人类文明的宝贵财富。书法教育对培养学生的书写能力、审美能力和文化品质具有重要作用。"

（二）选用赵体行书作为行书初学入门及提高，主要基于以下几点认识：

1. 赵体行书是墨迹，未经刊刻和锤拓，有利于真切地观察毛笔的运行轨迹；

2. 赵体行书用笔简洁流畅，呼应连笔规范标准，有利于学生学习行书的规范用笔和结字；

3. 赵体行书风格端庄秀雅，妍美遒丽，在活动中渗透与书法相关的风格审美体验，全面提高学生的审美素养。

二、学情分析

学生以小学高年级及初中学生为主，经过长期赵体楷书的学习，在用笔，结构上，对赵体楷书有了较为深刻的体验，具备一定的审美能力和学习行书的技法基础，随着审美能力的提升和初中作业量的增加，学生需要学习连贯的行书用笔规范。通过前面几次课的体验学习，学生对赵孟頫《洛神赋》的版本、整体风格有了初步感受，并训练了行书中呼应萦带的方法，但是对行书中的连笔方式还不熟悉。

三、活动目标

（一）知识与技能

学生能认识"有"字的发展源流；认识赵体行书"有"字的连笔规范及结字特点，能独立观察分析，书写赵体行书"有"字。

（二）过程与方法

学生通过多媒体 PPT 展示、教师讲解、引导，可以完成分组讨论、总结归纳、书写训练、观察纠错、上台展示等环节。

（三）情感价值观

学生能对传统汉字文化产生敬畏感，提高文化自信；通过对比学习，能感受赵体行书中"有"字的审美风格，体验赵体行书之美。

四、活动安排

（一）活动类别：专业实践活动

（二）活动对象：培贵书法习书社学员

（三）活动规模：学员 18 名

（四）活动时间：2018 年 4 月 22 日，周日下午 13：30-15：00

（五）活动地点：东城区少年宫 412 专业书法教室

五、活动内容及形式

本次活动为小组专业教学活动。以赵体行书"有"字的书写体验作为本次活动的核心内容，从中渗透基本字体演变知识、书法风格审美品评，学生通过回答提问、观察对比、展示交流等方式进行学习训练，提高学生的书写能力、观察能力、审美能力、表达能力等。

六、活动重点

（一）"有"字的书体演变特点

（二）通过"有"字不同风格的对比，了解赵孟頫行书的基本审美风格特点。

（三）赵体行书"有"字的连笔方式

七、活动难点

（一）学生如何通过"有"字理解不同书法家的风格蕴含的审美特点

（二）学生如何书写"有"字及应用

八、活动方法

示范讲解法、小组讨论法、评价法、提问法、对比法、展示法等

九、活动准备

（一）教师准备

1. 活动 PPT 课件、多媒体设备

2. 赵体行书"有"的范字（A4 纸打印，和学生书写字形大小基本吻合），

桌椅摆放、毛毡、墨汁

3. 和家长志愿者沟通好，配合活动开展，做好视频、照片的采集

（二）学生准备

1. 毛笔、纸等

2. 预习、感受赵体行书"有"字的连笔特征

3. 基于以往书写经验，在家里先思考并尝试找出历史上重要书法家书写的"有"，自行体会各个书法家书体的审美品格

十、活动过程

（一）追本溯源——"有"字的书体造型演变特点（5分钟）

教师引导——利用PPT，向学生展示"有"字从篆书到草书的字体演变，并提问：（1）为什么有字的第一笔是撇；（2）为什么行书第一笔现有横向或斜向的带入，然后再写撇。

征集学生回答，总结：

（1）字体演变中，篆书第一笔横弯被保留了下来，隶书、草书、行书、楷书把横弯变成了撇画，但都遵循篆书第一笔横弯的写法，字体的表意功能不随着字体的演变而消失。

（2）由于篆书第一笔是横弯，因此行书书写中，往往先有横向或斜向的带入，后转撇画的书写，保留了字体的表意功能。

学生活动——认真观看PPT，踊跃回答教师问题并倾听教师的讲解和总结。

教育意图——解读"有"字的字体造型演变，解决为什么有字的行书书写第一笔是撇，而撇的起笔为什么要横向带入的问题。提高学生对古代汉字"表意"功能的理解。展示，解读过程中，配合问题的提出，调动学生思考的积极性，体现核心素养中的人文积淀、审美情趣等内容。

（二）寻理求真——行书"有"字的书写规律和审美品评（20分钟）

教师引导1——直观认识：通过PPT，通过展示、对比王羲之、颜真卿、米芾、苏轼、赵孟頫等书法家书写的行书"有"字，提问：

请大家根据以往的书写和审美经验，猜测出哪一个是赵孟頫的行书"有"字。

学生活动——认真观察PPT，认真找出哪一个是赵孟頫行书的"有"

教育意图——通过不同书法家书写的"有"，让学生主动去猜测哪一个是赵体行书"有"，调动学生运用以往的书写、审美经验，提高学生

对活动的主动参与性。

教师引导2——探究常理：把学生分为两组，每组有一分钟时间思考教师提出的问题：

（1）这些书法家书写的"有"字都有哪些用笔和结构的共同特点，他们的整体风格审美风格是什么？

（2）赵体行书"有"相比于其他的书法家，有什么主要审美特点？

教师提问，引导学生踊跃回答，教师把学生的回答罗列于板书，互相补充，并总结：

①"有"字的行书写法先写撇，然后顺势呼应萦带写横，横和下部的"月"连笔书写，用笔圆润连贯，"月"的中间两横一般连写，或为竖弯，或简化为一点；结构上整体上展下收，下部的"月"瘦长而紧密

关于各个大家的行书审美风格，大家都有不同的理解，但大部分都认为王羲之的行书中和遒劲，圆转流畅，颜真卿的行书厚重雄浑，苍茫朴茂，米芾的行书活泼跳跃，欹侧变幻，苏轼行书圆润厚重，横纵交错，董其昌的行书枯润相合，方圆结合等等。

②赵体行书《洛神赋》中的有字，和其他书法家的有字相比，整体结字紧凑，上部横画略短，下部用笔一笔写成，厚重婉转，连笔方圆并施，尽得王羲之遒丽的用笔特点，但又没有王羲之结构中收放、疏密那么夸张，二是平和典雅，一股书卷气息扑面而来。

学生活动——每组负责一个问题，通过一分钟的思考，先找出各个书法家书写行书"有"的共性，思考每个书法家的审美风格，再思考赵孟頫行书"有"的审美特点

教育意图——学生主动思考教师的问题，提高学生的观察分析能力和总结能力

（三）循理而书——赵体行书"有"的连笔方式及书写体验（30分钟）

教师引导1——讲解：讲解赵体行书"有"字横画和下部纵向方框的连笔是行书中以横和竖（撇）为基础的连笔方式之一，通过PPT，列举"常""杨"等字中相似的连笔方式，让学生能举一反三，增加连笔方式的规律性认识。

学生活动——认真倾听教师讲解赵体行书"有"的连笔方式，认真观看PPT，理解横和下部方框的连笔规则

教育意图——通过对比，揭示连笔的共性及应用，提高学生对连笔

规律的认识

教师引导2——分解训练：

（1）先示范一遍"有"字的整体书写，然后重点示范讲解"有"字横画和下部方框的连笔方式，引导学生要观察在连笔转折处笔锋的形态是方转还是圆转，提高书写的连贯性，体会行书连笔时"行"的特点，感受赵体行书遒丽温润的用笔审美风格特点。

（2）安排学生单独练习"有"字横和下部的连笔，让学生体验连笔过程中笔锋的使转和提按的配合，体验连贯书写时快慢节奏的变化，提高连贯书写的能力。同时挑选学生的练习成果进行点评，再次强调要观察连笔转折处是方转还是圆转。

学生活动——认真观看教师的示范，尤其注意连笔时转折处的使转方式，同时认真训练横和下部方框的连笔，体会笔锋的使转，让自己的书写连贯起来。最后认真倾听教师的点评，反思自己的书写得失

教育意图——聚焦、示范"有"字连笔方式，同时学生分解练习"有"的连笔方式，让给学生更直接理解横和下部纵向方框的连笔方式，突出本次活动的重点、难点的解决

教师引导3——整体体验：

（1）示范，讲解"有"字的整体书写，强调书写过程中笔毫要连贯书写，蘸一次墨，书写完整个字形，书写过程中不能有太多的停顿和多余的动作，真正体现行书中"行云流水"的用笔审美特点和赵体行书整体结构中疏密有致，中和典雅的结构审美特点。

（2）安排学生按照写一遍分析一遍的训练方法临习"有"字四遍，重点训练撇和横的呼应萦带及横和下部方框的连笔，感受赵体行书中中和典雅的结构审美特点。

（3）挑选学生，讲解自己书写时的优缺点及对连贯书写时的感受。

学生活动——观看教师的示范，提高对连贯书写的认识

按照教师的安排，写一遍分析一遍自己的临写结果，不断的反思自己书写的错误，提高自己的观察能力

向同学们讲解自己书写"有"时对呼应笔、连笔时的心得体会

教育意图——示范，讲解"有"字的整体书写，把上面练习的连笔规则和呼应笔相结合，使"有"字能连贯书写，彰显行书"行云流水"的特点，突出本次活动的"难"点

学生自主临习，自主分析自己的问题，提高学生自主发现问题，解决问题的能力，调动学生自主解决难点的能力。

学生自主讲解自己的书写得失，深化对难点的认识

（四）真我风采——学生上台书写展示、评价（10分钟）

教师引导1——邀请两位学生上实物投影书写赵体行书"有"字，并自我点评书写优缺点。

学生活动——认真为同学们展示书写赵体行书"有"字的过程，并介绍自己的书写心得

教育意图——上台临写和自评，锻炼学生的展示抗压能力和语言组织能力，体现核心素养的乐学善学、技术应用等内容

教师引导2——教师对学员书写的结果进行总结。

学生活动——认真倾听教师的总结

教育意图——最后总结，点题

（五）学以致用、小结（25分钟）

教师引导1——教师给出"有容乃大"的字例，学生可以临摹成一幅横幅、斗方、条幅的作品，并体会不同幅式所产生的整体审美特点。

学生活动——学生根据教师给出的字例，进行临摹性创作

教育意图——学以致用，提高学生的应用能力和谋篇布局的能力

教师引导2——小结：总结本次活动，并组织学生进行讨论，分享学习感受：引导学生对"有"字在学习与书写过程中，如何理解、展现行书的美感进行深入思考和体会，并布置心得体会的作业，让学生形成文字

教师引导3——练习"有""常""杨"字，体会相似的连笔方式，提高归纳的能力

学生活动——复习，深化课堂所得

教育意图——通过写总结，让学生深化本次活动的重点，同时写相似连笔的字形，提高学生的扩展能力

通过学习"有"字行书的技法，提高学生已有的审美能力，通过不同字形的审美体验，扩展对不同书法书体风格的理解和认识

十一、活动效果检测方法

（一）评价标准

1. 主动参与：活动中是否每名学生都主动参与每个环节。20%

2.知识内容：学生是否掌握赵体行书"有"字中横画和下部方框的连笔规则；是否体会笔法、造型带来的美感和风格特点。30%

3.技能应用：学生是否应用所学知识内容自主书写"赵体行书有"字；能否分析纠错。30%

4.交流展示：是否主动参与展示书写，回答问题，分享体会与感受。20%

（二）评价依据

1.学生对活动的文字感受

2.家长反馈

3.教师评价

十二、活动反思

此活动是本学期赵体行书连贯笔法训练系列活动的其中一次活动，主要针对有较强的楷书书写能力和审美能力的初中学生。活动以教育部颁发的《中小学书法教育指导纲要》中基本理念的第三条（遵循书写规范，关注个性体验）、第四条（加强技能训练，提高文化素养）为主要理论依据，以赵体行书的"有"字的连笔技法为教学核心，从中渗透传统文字源流、字体演变的造型变化等传统文化，体现学生自主思考、讨论、展示、师生角色互换等育人要求，从而达到国家对于学生核心素养培养的相关目标。

（一）本次活动的亮点

1.活动突出赵体行书的书写和审美体验，提高学生对行书连笔的认识

行书教学是中小学书法学科中较为冷僻的一门教学活动，对行书教学的体系化、高效化，是中小学行书教学的难点，本次活动以赵体行书"有"字为教学核心，尝试把赵体行书中的一种连笔方式以较为直观，具体的方式传授给学生，从技法学习中为学生讲解赵体行书的审美风格，从而达到技法—审美的进阶学习。

2.活动内容主次分明，以专业技法训练为核心，渗透传统文化知识。

本次活动围绕赵体赵体行书"有"字的连笔方式训练和审美欣赏为核心，循序渐进地引导学生学习探究赵体行书"有"字连笔方式的技法特点，同时举一反三，让学生了解这种连笔方式在其他字形中的应用。提高学生对赵体行书"有"字的连笔书写能力和审美能力；通过"有"字的字体造型演变，渗透相关文字学的基本常识和字体演变中字形造型变化的基

本特点，做到以技法训练为核心支点，生发与书法相关的传统文化常识，带动学生学习，感受中国的传统文化。

3. 活动以学生为中心，辅以行之有效的教学手段，科学训练，探究学习，提升学生的综合能力。

在本次活动中，教师通过提问法，在教学示范、讲解过程中，提问相关问题，引导学生思考，观察；通过对比法，在教学示范讲解、评价展示使学生容易把握教学内容，还能在书写、评价展示中知道自己的优缺点，提高学生书写的观察能力；通过观察法、讨论法、展示法，在分组讨论、自主书写、展示交流过程中让学生主动思考、学习、讨论，锻炼学生的观察能力、记忆能力、交流总结能力、展示表达能力等。

4. 活动评价手段具体，深化学生对本次活动的知识理解

本次活动评价手段以学生书写感想和反思为主，学生把对本次活动的想法、收获、疑问等等都总结出来，是学生对本次活动的真实反馈，不仅让教师知道学生的真实想法，改进教学方法；同时还是学生深化理解活动所学知识，提高归纳总结能力的有效手段。

（二）本次活动的不足

1. 教师在活动过程中的教学语言不够生动，语调较平，逻辑欠妥，不能很好的贴近学生的学情，造成活动过程中，学生不能全部投入进去，还存在个别学生走神，不专注的情况。

2. 由于学生在自主观察、分析、讨论、书写训练等环节占用时间较多，最后学生自主上台书写展示及师生互评环节略微仓促，教师总结还不够到位。

（三）改进想法

1. 加强普通话训练，提高教学的语言组织、表达能力，变晦涩的专业语言为生动形象的例子。

2. 教学活动实施过程中，各环节时间控制尽量精确，提高随机应变、妥当处理突发事件的能力。

3. 今后的教学设计与实际组织过程中，通过丰富的教学环节设计、教学形式变化予以实现，对学生审美能力的提长。加强过程性评价，促使学生逐步建立起书法审美的观念。

走进师大·走近大师

——专业实践活动方案

■ 王福全

一、活动依据

1.《北京市校外教育工作规程》指出："有目的、有计划、有组织地向未成年人实施教育活动，是校外教育机构的中心工作。""校外教育机构应利用社会资源，搭建活动平台，丰富教育活动。"

2.北京师范大学是一所百年老校，文化底蕴深厚，其书法专业在启功先生的影响下全国知名。倪文东先生是北师大书法系教授，博导，十分关心青少年的书法教育。

3.少年宫书法组员30人，学习书法两年，目前他们具有基本书写能力，希望得到展示自己才艺的机会，有走出活动室参与书法实践活动的愿望。

4.在日常培养小学生习书技能的基础上，我抓住孩子们在学了两个学期书法想找机会小试身手的心理，为组员们搭建了走进高校，感受良好学习氛围，与书法大家交流互动的平台。一方面向组员渗透：学书法路很长，保兴趣要持恒的道理；而另一方面就是通过参观、欣赏、采访等多种形式调动组员的视觉、听觉、快乐的体验，进一步激发兴趣、开阔眼界，在与长辈书法家的互动中实践锻炼，增长见识和能力。

二、活动目标

1.知识目标：初步了解文房四宝及其书法作为中国优秀传统文化的意义。

2.能力目标：培养书本知识与实际知识加以整合的能力；培养礼仪礼貌和语言交流能力；提高书法的学以致用能力。

3.情感目标：培养学习书法的兴趣，从而激发学生写好字、传承国学的责任感。

三、活动人员、时间、地点

1.参与组员：3—5年级书法组员30人。（学习书法两年）。

2. 活动时间：2018 年 6 月 7 日

3. 集合时间、地点：6 月 7 日上午 8：30. 北师大田家炳艺术教育书院门前。

四、活动准备

（一）教师准备：

1. 设计本次书法专业实践活动方案。制定外出活动安全预案。

2. 联系书法家，确定参观、采访的时间，与其沟通活动各环节。

3. 提前准备采访的视频便于组员观摩。

4. 教礼仪，交代活动思路。

5. 对学生进行活动的动员和要求。

6. 指导组员查阅资料和整理资料的方法。

7. 检查组员准备情况，了解组员热点采访问题，帮助组员进行整合。

8. 确定采访员，对其进行培训。

9. 确定其他人员：如记录员、拍摄员等，对其进行培训。

（二）组员准备：

1. 查阅资料，积累关于文房四宝和书法的相关知识。

2. 集体看采访的视频，模仿采访。共议采访话题。

3. 推选主要采访组员，整合拟采访的问题。

4. 准备自己的书法小作品或是一把扇子作为礼物，准备相机。

5. 提前想好互动环节要写的字，多练笔，备好自己的印章等。

五、活动过程

第一环节：集合、参观

1. 集合整队，提活动要求

面对组员重点提出活动目的，讲清活动流程，提出礼仪及纪律要求。

2. 与倪文东先生接洽，共同带领组员参观京师美术馆，

（1）所到之处教师适时提示组员注意听讲解，记录地形地貌，摄影留念。

参观书法系大学生学习环境，了解校园文化。

（2）观看文房四宝，逐一记录，随时让组员与自己收集的资料进行比对，加强知识积累。师生边看边摄影记录。

（3）欣赏校园里的书法作品，教师或专家随时进行讲解，随时注意抓取大学生中感人的事例教育组员，激励对大学的向往之情。

第二环节：采访、交流

组织组员采访倪文东先生

（1）进一步简介倪文东先生，听倪文东先生讲自己的故事。

（2）采访员进行采访

（3）组员自由采访，互动话题。

第三环节：请教、互动

1. 观大家书法。

观看倪文东先生书写时，注意要求组员虚心请教、认真学习不走神。

2. 展小组员才艺。

（1）一起习字环节。要求组员提前做好功课（书写北师大校训……），大大方方练笔。

（2）邀请倪文东先生点评。要求组员认真听讲，虚心接受，大胆练习。

第四阶段：聆听寄语，赠送纪念品。

1. 简单收拾书案，邀请倪文东先生给组员提希望说寄语。

2. 组员赠送纪念品（可以是提前准备的礼物，也可以是现场书写的书法。）

3. 教师总结活动过程组员的表现，提炼出活动收获。

（从活动准备、现场各环节小结组员的表现，）

要求每人回去以后设计一张《小书童聊书法》小报，下一次活动交。

4. 合影留念。宣布活动结束。

六、活动效果测评方法

1. 组员参与活动全过程的积极性。

2. 根据活动后作业——小报设计，看学生的收获。

附件一：活动安全预案

1. 提前进行活动现场的考察，保证通道的畅通，排除不安全的隐患等

2. 由家长负责孩子接送

3. 与学院方面进行协调，由北师大艺术学院保安负责活动现场安全工作。

附件二：采访拟题问题

1. 请倪老师谈一谈书法的美。

2. 书法在中国文化中的地位怎样？书法在国际上的影响怎样？

3. 学习书法要具备什么条件？怎样学习书法，能不能结合您的经历给我们谈一谈？

问道扶桑

——研学之旅

■ 张 蓬

D1 北京 – 大阪 2019-07-22 周一

研学任务：发放研学资料，团队成员破冰交流，预热活动。

抵达后入住酒店休息. 如抵达航班时间较早，可前往：心斋桥

心斋桥是位于大阪市中央区的商业购物区，长达 600 多米的弧形天棚商业街内有各类商铺，时装、化妆品、箱包、杂货、药品等，心斋桥商店街与御堂筋大街并行，北起长堀街，南至道顿堀，与千日前商店街相接，邻近难波。

道顿堀

道顿堀位于心斋桥的南端，是大阪最繁华的商业区之一，也是地标级的美食据点，拉面、章鱼烧、铁板烧、烤肉炸串、旋转寿司、河豚料理及各种甜点应有尽有。道顿堀川运河两侧密布的巨型广告牌也是这里的一大看点，最著名的要数格力高人形看牌和蟹道乐的大螃蟹招牌。到了霓虹灯闪烁的夜晚，这里更是热闹非凡，还可以坐观光船来游览两岸夜景。

D2 大阪 – 京都 2019-07-23 周二

研学地点 1：金阁寺

研学任务：

1. 聆听学习，金阁寺建筑、园林风格、历史掌故。

2. 临摹 1–2 处金阁寺内的石刻或墨书遗迹。

3. 现场完成一幅《心经》的抄写任务（260 字）

金阁寺本名是鹿苑寺，由于寺内核心建筑舍利殿的外墙全部贴以金箔装饰，故称为"金阁寺"。寺院始建于 1397 年，原为足利义满将军的山庄，后改为禅寺"菩提所"。这座三层的楼阁每一层都有不同的建筑风格，隔着池塘仔细望去可以看到释迦牟尼和足利的雕像。金阁寺背面，可以近

距离目睹金灿灿的墙面。寺后的庭园保留了"良光"时的原貌，庭园内还有其他的观景，如"决不干涸的"安眠泽，以及被游客投掷了很多硬币以祈福的小石像群。

研学地点 2：汉字博物馆

研学任务：

1.聆听学习，汉字对日本文字的影响、唐代日本书法向中国学习的第一个高峰。

2.收集 3 种以上古文字图案拓片。

3.分组游戏，用肢体搭建汉字。

这是日本首个汉字博物馆。整个博物馆为 2 层建筑，面积达 2700 平方米。参观者可以通过体验活动，学习汉字的历史及其他知识。馆内有填四字熟语的趣味游戏，还可以尝试用身体演绎汉字。

D3 京都　2019–07–24　周三

研学地点：美秀美术馆

研学任务：

1.聆听学习，参观美秀博物馆馆藏中国文物，学习历史掌故。

2.诵读《桃花源记》，现场完成一篇此文部分章节的硬笔书法小作品。

3.完成一件临摹或写生馆藏文物。

这是位于日本滋贺县甲贺市的私立美术馆。创办人为小山美秀子，美术馆由贝聿铭设计。馆藏包括日本、中国、南亚、中亚、西亚、埃及、希腊、罗马等古文明的艺术品。美秀美术馆是一个由日本与美国联合建筑的工程。由美国建筑师贝聿铭联同日本纪萌馆设计室，1997 年 11 月竣工。美术馆每一部分均体现了建筑家打破传统的创新风格，由外型崭新的铝质框架及玻璃天幕，再配上 Magny Dori 石灰石，及专门开发的染色混凝土等暖色物料；还有展览形式及存放装置，都充分表现出设计者匠心独运的智慧。

D4 京都 – 奈良 – 岚山　2019–07–25　周四

研学地点 1：东大寺

东大寺是日本华严宗大本山，又称大华严寺、金光明四天王护国寺等。东大寺位于平城京（今奈良）东，是南都七大寺之一，距今约有一千二百余年的历史。东大寺，1998 年作为古奈良的历史遗迹的组成部分被列为世界文化遗产。东大寺大佛殿，正面宽度 57 米，深 50 米，为世界最大的木造建筑。大佛殿内，放置着高 15 米以上的大佛像——卢舍那佛。东大寺院内还有南大门、二月堂、三月堂、正仓院等。

研学地点 2：奈良公园

奈良公园位于奈良市街的东边，若草山、东大寺、春日大社、国立博物馆等名胜古迹大多在这里，是日本现代公园的先驱之一。园内有许多嬉戏的鹿群，这些鹿被指定为国家的自然保护动物。春季嫩枝发芽和秋季的满园枫叶，都让人心旷神怡，而在淡季时则可以悠闲自在地散步。一年四季无论何时，这里都有吸引人的景观。

研学地点 3：茶道

京都是茶道诞生的地方，也是茶道的精神中心。茶道是日本传统文化中重要的一项，茶道。在制作茶的过程中，必须融合形式的美、接待对方的心意和作法（さほう）等规则而进行。像这样如果不知道作法就无法进行制作的茶道。茶已经在日本喝了 1000 多年，但是在 16 世纪左右，这种做法采取了今天所知的高度仪式化的形式。军阀，富有的商人和文人都参加了最奢华，最精致的茶道仪式。

D5 京都—东京　2019-07-26　周五

研学任务：

乘大巴车前往东京，大巴课堂。

1. 花道体验

中国的佛前供花在唐朝随佛教一起传入日本。插花一到日本，便受到朝野僧俗的一致欢迎，从初始效仿中国的佛前供花，逐步结合日本的习俗而发扬光大，并制定了插花时花材配置的规矩，形成了各种流派并传授继承，也即形成了花道。我国袁宏道的《瓶史》被译成日文出版，许多口传的插花书和著作也先后问世。花道、茶道与书道等一并成为日本传统技艺。日式插花以花材使用少，选材简洁为主流，强调花与枝叶的自然循环生态美姿是宇宙永恒的缩影，以花的盛开＼待放＼含苞，代表过去＼现在＼未来－天地人三位一体的和谐统一．

D6　东京　2019-07-27　周六

研学地点：东京国立美术馆

研学任务：

1. 参加书画展开幕式，参观书道展览。

2. 与日本友人、旅日华侨书家举办书法交流笔会。

3. 东京浅草寺参观

D7　东京　2019-07-28　周日

研学地点 1：寿司制作

上过体验课后才能发现一直以来吃寿司的方式都不是很正确，像是寿司其实可以用手直接吃，也不一定要沾酱油，沾了太多反而会盖过鲜味，若要沾的话，则是要沾在生鱼片上，而不是饭上。另外，寿司正确吃法是要一口吃掉！这些对日本人来说的「基本常识」，身为外国人，如果没有人事先告知的话，还真的不会呢！寿司体验不但能获得各种关于寿司的小知识，还能体验自己动手做生鱼片寿司！自己的寿司自己做！好吃又好玩！

研学地点 2：东京国立博物馆

作为日本规模最大、历史最悠久的博物馆，东京国立博物馆内的藏品约89000多件，其中国宝级藏品近百件，还有500多件考古相关的国家指定重要文物。整个博物馆分为本馆、平成馆、东洋馆、表庆馆及法隆寺宝物馆5个独立的分馆，主体本馆为日本传统建筑风格的帝冠样式建筑，被称作"美术馆与博物馆之集大成者"。博物馆各馆之间都有小径相通，两边绿荫葱葱，与一般印象中灰冷的博物馆形象大相径庭，营造出一份人与自然、文化之间的和谐气氛。

D8　东京　2019-07-29　周一

研学任务：

书法交流会

1.聆听学习，经典法帖赏析。被誉为天下第二行书的唐代书法家颜真卿《祭侄文稿》；被誉为日本王羲之的唐代高僧空海法师的法帖赏析。

2.中日本青少年进行书法交流，书写作品，互赠留念，翰墨结缘。

书法，从表面字义理解，是指书写的法度。虽然汉字源于中国，书法却并非中国独有的艺术，在日本也十分盛行，是人们修身养性的方式之一。中日书法产生了两种截然不同的审美观。中国书法把传统放在第一位，使用"书法"来定义概念，体现了对法度的高度重视。"法"是规则，是一切表现的基础，凡是从事此道者必须遵守规则。中国人认为，技术因素决定艺术表现的高度。这就造就了中国书法艺术的特点：技术水准始终占据高位。日本书法则不同。日本将书写艺术冠以"书道"之名。若说"法"是基础，那么"道"则有点哲学意味，要通过艺术参悟，把书写艺术升华到更高的层面。

下午自由活动，晚上搭乘国际班机回国。

传承书法体味传拓

——传统文化活动

■ 赵崇辉

一、活动主题

传承书法体味传拓

二、活动内容

了解传拓技艺的目的步骤，完成传拓体验

三、活动目标

引导学生知晓传拓技艺的相关知识，通过合作初步体味传拓的每一个步骤，最终完成每个人传拓作品。

四、活动重点

使用拓包、棕刷等工具，进行传拓体验。

五、活动难点

正确使用拓包、棕刷等工具，制作出自己的传拓作品。

六、活动时间

2018.5.23. 1：00

七、学生情况

四年级 24 人

八、活动形式

讲解与实践相结合、沟通与体验相结合。

九、辅导方法

讲解示范辅导讲评

十、活动准备

教师准备：电脑展台、相关 ppt、传拓材料及工具

（一）导入：引导学生观察

1. 石碑字迹原图

2. 碑版作品的拓片

（二）新授：引导学生发言

1. 猜想文字传承的方式

2. 观看传拓技艺的短片，了解传拓的知识步骤

（三）传拓体验：引领学生动手实践

1. 制作拓包

2. 动手传拓

（四）展示评价：引发学生评论

1. 谁拓的作品好！

2. 好在哪里？字口是否清晰？墨迹是否均匀？

（五）活动小结：

拍照留过程性资料。

（六）活动反思：

1. 充分调动学生的参与的积极性，鼓励学生！

2. 鼓励学生动手能力，引导学生感知劳动者的艰辛！

3. 通过体味传拓，实现对学生核心修养的引领，以及对文化的积累！

4. 初次体验，教师耐心指导就是为了让每一个学生都有成功的体验！

劳动者之歌

——书法小组社会实践活动方案

■ 朱海玲

一、活动主题

"劳动者之歌"

二、活动依据

（一）《北京市校外教育机构工作规程》里的教育教学要求。其中明确规定：校外教育机构应"根据学生和社会的需要，利用重要节日和结合重大事件开展了解社会、服务社会的实践活动"。

（二）调查发现，学生对参加这样的主题教育活动充满期待。

（三）给学生创造机会，体验劳动的艰辛与快乐。

（四）适当参加有意义的社会实践，不但可以提高学生的专业技能，同时学生能从实践中感受到服务社会的快乐。

三、活动内容

（一）学生详细了解五一国际劳动节的由来及含义。

（二）书法与音乐有着内在联系，存在着异曲同工之妙，请全体人员感受二者结合的魅力。学生现场书写作品，送给不同行业的劳动者，并邀请键盘组现场伴奏。

（三）请参加活动的全体人员识别用五种不同字体书写的"劳动最光荣"。

（四）书法组与键盘组再次合作，键盘组学生演奏与劳动密切相关的曲目，书法组学生用五种字体在工艺品（扇子）上书写"劳动最光荣"，并作为礼物赠送。

（五）书法组学生与劳动者代表现场互动。

四、活动目标

（一）知识目标

学生了解不同行业的劳动者的工作性质、特点，初步树立劳动最光荣并热爱劳动的观念。

（二）技能目标

学生获得在公共场合书写的体验，初步培养现场书写的能力，并能理解每幅作品的内涵。

（三）情感价值观目标

学生在了解、服务社会的过程中，体会书法与音乐结合的艺术魅力；同时提高与人相处的能力、体验合作的快乐，从而提高学生的综合素质。

五、活动对象与规模

活动对象：书法组学生 50 名、键盘组学生 50 名、不同行业劳动者 150 名

活动人数：250 人

六、活动时间与地点

活动时间：2016 年 5 月 1 日

活动地点：百荣世贸商城多功能厅

七、活动准备

（一）4 月中旬，找少年宫有关领导谈活动想法。

（二）4 月下旬，联系百荣世贸商城负责人，到现场了解活动场所，然后设计落实活动的内容、流程。

（三）落实参加活动的人数和时间。

（四）撰写活动方案。

（五）确定摄像和摄影事宜。

摄像：1 名专业摄像师

照相：1 名专业摄影师、2 名学生家长

（六）安排人员分工。

总负责：朱海玲　林燕侠

活动场所学生安全监督：百荣服务人员 2 名、家长 4 名

（七）找有关领导再次落实各项具体情况。

（八）准备活动用品。

20 架电子琴、笔墨纸砚、桌椅、纪念品、矿泉水

（九）撰写主持词。

（十）制作活动节目单。

（十一）撰写安全预案（另附）。

（十二）4 月底到百荣世贸商城进行活动前的踩点，再次落实各项具体工作。

八、活动过程

（一）活动前动员，激发学生参与活动的积极性。

教师给学生详细讲解五一国际劳动节的来源和意义。让学生们知道各种职业的工作者都要付出辛勤劳动，没有高低贵贱之分，他们是平等和光荣的。告诉学生这次活动是在五一劳动节这一天，与键盘组的同学联合向劳动者致敬，书法组要现场写作品送给叔叔阿姨，还要与他们现场合作。

（二）活动开始两位老师演唱《幸福在哪里》来渲染气氛。

（三）教师宣布活动主题。

向劳动者致敬，感谢他们的辛勤付出（播放劳动者现场工作的图片）；感谢百荣世贸商城对我们的全方位的支持，并请商城领导讲话。

（四）全体人员感受书法与音乐融为一体的魅力。

学生现场书写，送给劳动者，键盘组现场伴奏。音乐讲究声音的高低、轻重、长短、而形成一种节奏和旋律。书写通过笔的提按、顿挫、轻重、粗细等等，也形成一种节奏和旋律。

1. 书法组 8 名同学在舞台两侧写作品，内容均是赞美不同行业劳动者的词语（热情服务、任劳任怨、诲人不倦、医术高明、手艺高超、临危不惧、尽职尽责、勤劳朴实），键盘组用古筝音色演奏《紫竹调》《步步高》。

2. 教师与两个组的学生分别进行交流，请他们谈合作的感受。

3. 请书法组的学生到台中间展示作品，分别谈自己写的什么内容、准备送给谁。教师点评作品，总结学生的发言，给予适当的肯定与鼓励，并请孩子们亲自走到台下把自己的作品送给叔叔和阿姨们。

4. 请接受作品的劳动者代表谈此刻的心情。

5. 教师总结出"劳动最光荣"。

（五）观众识别楷、隶、行、草、篆五种不同字体书写的"劳动最光荣"。

1. 大屏幕显示五种不同字体的"劳动最光荣"。

2. 每张单独放大播放，教师请观众回答是哪种字体，书法组学生担当小评委，点评观众回答是否正确，赠送自己备好的书法作品作为礼物留念。

（六）书法组与键盘组再次合作。

1. 书法组五名学生用五种字体在工艺品（扇子）上书写"劳动最光荣"。

2. 键盘组演奏与劳动密切相关的曲目。

3. 键盘组有五个问题请观众回答，书法组同学赠送扇子作为礼物留念。

（七）劳动者代表与书法组的学生现场互动。

1. 请现场的劳动者代表与 12 名书法组的学生合作完成作品"知识改变命运，劳动创造未来"，叔叔阿姨与任意一个学生组合，共同完成一个字，学生也可以教叔叔阿姨写。大屏幕播放精品书法图片，伴随古筝曲。

2.12 个组按顺序排好，展示合作的成果。

3. 教师总结。

在这一环节中，学生与大人合作完成一个作品，学生会有一种责任感和成就感，合作意识也得到了深化。"知识改变命运，劳动创造未来"，这句话也会激发学员努力学习知识的热情、树立热爱劳动的观念，使他们幼小的心灵受到更多感染。此环节紧扣主题。

（八）请少年宫刘晓北主任讲话。

（九）在歌声中回味。

1. 活动接近尾声，我们享受着书法艺术的精髓，分享着现代音乐的震撼，让我们在传承中成长，在传承中歌唱。全体齐唱《劳动最光荣》。

2. 请领导、老师、工作人员、全体学员到台上合影留念。

（十）教师总结活动。

1. 点评同学们在活动中的表现，提出以后在学习生活中的要求；2. 感谢领导、来宾参与活动的同学和家的光临；3. 肯定同学们的付出与是一种劳动。

九、活动效果检测方法

（一）观察学生在活动中的情绪，了解参与活动的兴趣和积极性。

（二）请学生说说参加活动的收获，请学生家长们谈谈对这次活动的感受和体会，可以提出一些好的建议。

（三）请学生针对这次活动的收获和感受写一篇短文，字数不限。

十、活动经费预算

摄像费：500 元；笔、墨、纸、扇子、卷轴：450 元；纪念品：350 元；节目单：200 元；矿泉水：100 元；总计：1600 元。

理论研讨篇

　　一篇篇科研论文的生成，是我们的专业成长，更是我们以科研的思路，在重新审视校内外书法教育教学活动与传统文化融合体验过程中，迸发出来的闪光智慧。

　　以科研带教研，以教研促教改，形成科研教学意识，养成用新的教育理念去审视自己日常工作的行为习惯，自觉的改进自己教育手段和教学方法，提高我们自身的素质。

从书法教育教学角度

——浅谈学校教育与校外教育有效衔接

■ 刘 颖

摘要：为贯彻《国家中长期教育改革和发展规划纲要（2010—2020年）》，适应新时期全面实施素质教育的要求，继承与弘扬中华民族优秀文化，教育部 2013 年 1 月 18 日发布了《中小学书法教育指导纲要》，并于当年春季开始执行的重要部署：书法教育将纳入到中小学教学体系，学生将分年龄、分阶段学习硬笔和毛笔书法。

销声匿迹多年的书法课终于又回归义务教育阶段课程，对于孩子们来说是好事。但从现实来看，以北京市朝阳一个区内书法调查的结果显示，有百分之六十以上中小学校的书法课是由语文老师、美术老师甚至其他老师来代课的。

没有专业的书法师资是最大的问题。中科院发布的《人口与劳动绿皮书》结果推算，义务教育阶段需要书法教师 53 万人，而目前专业的书法教师数量要远远低于这一数字。

未来几年内全国范围内扩招收书法专业的学生，可以缓解需大于供的难题，但要想解决眼下的燃眉之急，恐怕没有比校内外教育有效衔接来的更为直接和实用。

关键词：学校教育　校外教育　书法教育　有效衔接　衔接模式

中办发〔2006〕4 号文件《关于进一步加强和改进未成年人校外活动场所建设和管理工作的意见》中指出"积极促进校外活动与学校教育的有效衔接，要把校外活动列入教育教学计划，排入课程表，切实保证活动时间，逐步做到学生平均每周有半天时间参加校外活动，实现校外活动的经常化和制度化。要把学校组织学生参加校外活动以及未成年人参加校外活动的情况，作为对学校和学生进行综合评价的重要内容。"

学校教育是与校外教育相对的概念。学校教育专指受教育者在各类学校内所接受的各种教育活动，是教育制度重要组成部分。学校教育包括初等、中等、高等教育。

校外教育是我国基础教育的重要补充，与学校教育有着同等重要的作用。校外教育是实现素质教育的重要途径之一。校外教育是随着人类的进步发展起来的，具有参与的广泛性、内容的多样性和形式的灵活性。

毋庸置疑，青少年是国家兴旺的希望。作为一名书法教师，我认为积极开拓学校书法课堂与校外书画社团的联合模式，是对青少年书画艺术教育工作的全面推进，更是实施素质教育，提高青少年实践能力、综合能力、创新能力和科学素质的有效途径。校外教育的内容和形式在提高青少年适应环境的技能和本领方面，具有不可替代的作用。新课程改革形势下，如何充分整合和挖掘学校教育与校外教育各种资源，实现校内外书法教育有效衔接和优势互补，真正实现学校教育与校外教育衔接，使书法教育更好地发挥其独特的育人作用。

首先，我们在认识上，要明确学校教育与校外教育有效衔接的重要性。

加快校外教育发展，深入贯彻《中共中央国务院关于进一步加强和改进未成年人思想道德建设的若干意见》，是从根本上全面推进素质教育的行动。校外活动机构主要是由青少年宫、少年宫、青少年活动中心、儿童活动中心、科技馆等为主的校外活动场地；是在学校教育之外，利用课余时间对青少年进行的内容丰富、形式多样的有目的、有计划、有组织的各种特长技能的培训，体验与创新实践。

1. 校外教育有着独特的育人空间模式。

校外教育以其自由的教育理念，灵动的活动内容和不受限制的组织形式，在素质教育中起着不可替代的重要作用。

（1）校外教育的实践性。

校外教育相对于学校教育而言，更重注在活动中给予青少年体验的设计。亲身经历的感受会直击孩子们的内心。

（2）校外活动的趣味性。

能吸引青少年孩子参与活动的热情，完全取决于活动内容是否有意思。这是体现现代教育理念的精华。从而实现在活动中学习，在玩儿中学习的育人理念。

（3）校外教育活动的时代特点。

校外教育活动要从内容到形式紧扣时代主题、时代的脉搏。只有站在社会发展的最前沿实施教育，才能走出时代步伐。

（4）校外教育活动的社会性。

每一个校外教育活动的范围，实际上都是缩小了的社会。只有把成长中的青少年放在社会化的环境中，才能真正的实现缩短社会化的"成人"过程。最大限度的激发青少年的潜能，健全未成年人的人格。

2.校外教育是整合社会资源，促进多元方式参与教育活动模式的设计与实施。

要想成功的组织一个好的活动，一定是动员并整合尽可能多的社会力量参与。事实上我们早已意识到，校外教育的大背景下蕴藏着不可小视的人力资源、物力资源、社会人文资源等等。这大概也就是相对于校内这个独立封闭的体系最大的优势所在吧。

3.校外教育教学活动的时间，是在青少年课外的时间，弥补了家长工作繁忙在闲暇之时带孩子的参与的社会化的参观、体验、调查采访等等健康向上的校外教育活动。

其次，我们在认识上，要明确学校教育与校外教育有效衔接的必要性。

青少年每天下午放学以后的时间，每周双休日的时间，寒暑假的时间统统集中加在一起，算下来就十分可观。而校外教育从前、现在、以致将来，只会更好的发挥自己独特的功能，全方位开启对青少年创新、体验和实践等行为方式的探讨。

1.学校教育的对象是面向全体青少年，进行的以普及为主的教育。校外教育的参与对象是对书法等相关项目感兴趣的青少年，自愿参与的。校外活动以提高青少年的综合素质为目的。

（1）每天下午3：30学生放学后，被称作330的时间段，是校外人走进学校给予孩子们最直接的辅导方式。一个个校外专业教师带着各自的项目给予孩子们的辅导是专业的。我本人担任几个学校的 330 书法辅导的任务，孩子们在中小学生艺术节书法比赛中取得了成绩，从零到有，从少数人到多数人，从低奖项到高奖项，经过一年多校内外书法教学实践，事实再次证明，校内外教育衔接是必要的，更是可行的。

（2）凡是国家重要节日，学校教育一定是符合国家政策放假。此时的校外人则更多的在利用这些大的节假日，周密的组织开展或大或有特色的精品活动，很多的活动的精彩瞬间，都被一一记录了下来。立春、端午、清明、中秋，每一个时令节日；315 的雷锋纪念、六一儿童节、七一建党、八一建军，每一个值得纪念的日子；申奥成功、纪念反法西斯胜利、119 防火减灾、控烟条例出台……每一个与时事相关的日子；都是由校外人发起，校内老师协助，校内外人共同参与在我们生活的社区完成的。从这个层面讲，校内外的教育一直是由校内外人共同完成的。

（3）随着教育部将书法作为义务教程的节奏，使得书法专业教师成为很多学校的一时之缺。很多校外专业教师，走进课堂，顶起了学校的空缺。能力强的书法专业教师，甚至是做起了校内语文老师的培训专员，从硬笔执笔入手，加强了对汉字结构、

书写节奏的训练。这不得不说是在义务教育教学过程中，校内外人最好的合作典范了。

2. 校外对主题教育活动的参与者是有要求的。校外人为青少年参与者提供的平台和学校内相比，显然会更广阔。

（1）历年的中小学生艺术节的专业项目比赛活动的所有启动、实施、颁奖，都是以校外各机构分别承办完成的。但从基层的报名，筛选又都是在校内落实的。我们力争为更多的青少年提供展示的舞台，在整个参与的过程中，让孩子们懂得获得的比赛成绩，只是一个相对的结果。知晓天外有天，人外有人的成长概念。

（2）每一个寒暑假，校外人推出的各种探索参与式、体验式、互动式的主题的夏令营，不仅仅是为家长解决了后顾之忧，更重要的是引领着成长中的小营员们，在玩耍中学会知识、在交往中学会承担，在切磋中提高技艺。自从有了微博微信宣传的平台，可以说此类的夏令营活动，不仅收获了很好的教育效果更收获了一定的社会效益。

这些活动的开展，拓展了学校与青少年宫之间的联络渠道，架起学校教育与校外教育之间的桥梁。加强学校与青少年宫之间的联系，使学校教育与校外教育有机的深度的联系在一起。

（3）每一次的校内外专业项目教师坐在一起的研讨，加强了彼此的熟识，增强了彼此间的交流，相互借鉴切磋成就了整体提高的前提。一个微信群，让校内外的同道真正实现了无缝衔接。

校内教师在日常的普及教育中，将校园内优秀的、有潜质的青少年学员输送到校外，接受更为专业的、系统的提高培训。反过来，青少年加入校外专业社团的学习，在校外专业教师的悉心培养下，学有所成回到各自学校内，发挥专业小骨干的作用，校内外的同仁以此长期的合作，已经呈现出了很多亮点。

综上所述，校外教育是相对于校内教育而言，是校内教育的重要补充和延伸；是家庭教育的连接；是社会教育的支持。但校外教育必须有它自己的特点，必须与学校教育协调发展。发挥不同的功能更好地促成未成年人的全面发展。校外活动与学校教育有效衔接的本质内涵，总结和创建与学校教育有效衔接的机制对于丰富校外机构的活动，拓展青少年培养的事业，推动素质教育具有十分重要意义。

作为一个校外书法专业人，我将继续以校外书画社团的名义，服务并引领学校的孩子们在书画专业领域的社会公益性事业的平台上成长。引领孩子们主动求知的欲望，实现在玩儿中学，在学中玩儿；在快乐中学习，学有所乐的宗旨。

孩子们在"玩儿"中学习知识；在"玩儿"中接触社会；在"玩儿"中体验生活；在"玩儿"中释放潜能；在"玩儿"中塑造品格。合理的"玩儿"一样可以提高孩子们的学习成绩，一样会促进孩子们观察能力、协调能力、应变能力、开拓能力、创新能力等非智力因素的发展。

综上所述，学校教育与校外教育有着各自优势资源，实现校内外书法教育有效衔接和优势互补，真正实现学校教育与校外教育衔接，使书法教育更好地发挥其独特的育人作用。

我相信，学校教育与校外教育相衔接的教学模式的探索与实践，才刚刚开始，只要坚持研究探索下去，还会有更多的惊喜，等待我们去发现。这是一个值得坚持和研究的课题。

【参考资料】

[1] 刘玉香.《综合实践活动可中如何培养学生的自主探究能力》,《学周刊》2011 年 32 期

[2]［美］马斯洛.许金声等译《动机与人格》（第三版）［M］人民大学出版 2007

[3]［美］威廉·维尔斯马.教育研究方法导论［M］.北京教育科学出版社 2010（4）

[4] 龙一芝.构建课程文化:现代学校发展的新命题［J］上海教育科研,2009（6）

[5] 邵学伦.现代校外教育的功能初探［J］.当代教育科学,2007（3-4）

小学生书法临习过程研究

■ 苏志敏

摘要：2013 年教育部颁布了《中小学书法教育指导纲要》，对中小学书法教育的目标，内容，实施等诸多方面提出了规定和建议，其中把提高中小学生的书写技能和应用放在了重要位置。提高汉字的书写技能和应用，感受汉字的优美和渊博的中国传统文化成为了书法教学的新方向。而汉字的书写技能教学在书法教学中所占的比重是最大的，是书法教学的主体。训练汉字书写技能的途径为临和摹，因此，把握临和摹的关系，探索和完善临写过程的教学体系，有助于提高学生的书写技能效率和养成良好的书写习惯。

关键字：临，摹，观察，姿势，专注度，弹性，大小，检验

从古至今，学习书法最重要的途径有临和摹[1]两种方式，临是操作毛笔对照着字帖书写，是整个书法学习活动的成果呈现，是显性的，而摹则是通过双钩等手段来获取字形轮廓，并进行分析观察的一种手段，是隐性的。因此，从呈现成果的角度来说，临是书法学习过程的主要体现，而摹则是作为临的辅助分析手段。临习教学是整个书法教学活动的主体，而完整的临习过程应该包括临习前的准备，临习过程的书写，以及临习后的检验和评价。小学生是临习活动的实施者，从开始执笔到书写，最终到临习结果的呈现，是小学生的脑、眼、手互相配合完成的过程。在这一过程中，必须要有正确的方法把临和摹统一起来，摹为临提高精度，临为摹体现成果，这样才能提高小学生的临写效果和效率。因此，临习过程的把握必须要科学，规范。现我按照临习过程的先后顺序，对临习的过程进行探索。

一、临习前的准备

古人对于临习前的准备是极其重视的，如王羲之云："夫欲学书之法，

先乾研墨，凝神静虑，预想字形大小，偃仰，平直，振动，则筋脉相连，意在笔前，然后作字。"王羲之认为在临写前，一边研墨一边思考，做到意在笔先，然后才能写字。而对于当代小学临习教学来说，很多儿童小学生却忽略了临习前的准备，在得到教师开写的指示后，在没有任何准备的前提下迫不及待提笔临写，往往"意在笔后"，造成临写的效果不佳。因此，我认为养成小学生在临习前的准备习惯对于临习过程的顺利进行和效果有重大的帮助，而临习前的准备主要包括书写姿势、蘸墨、抹墨、搁笔，纸张摆放，观察分析字形的准备。

1. 书写姿势

书写姿势主要包括执笔方法和身体姿势，毛笔书写的用力可以说是一种脚、腰、肩、肘、腕、指相互配合协调，最后灌输于笔毫的巧力，而这种巧力的基础就是书写姿势要正确，舒适。

（1）执笔方法：

执笔姿势在经过历代的演变和变化，到现在为大多数人公认的执笔方法为五指执笔法，五指执笔法强调"指实掌虚"，"指实掌虚"主要指手指握管力度松紧合适，掌心空虚，能灵活调动手腕发力。但初学书法的小学生很难掌握，其主要原因是手指生疏僵硬，不仅导致指法不正确，还会使肘，腕，指的力度全部抵消在笔管上而无法传输到笔毫。指法不正确主要表现为手腕倒垂，手背无法立直、手指紧实，无法做到"指实掌虚"以及手指分布笔杆的位置不正确。

执笔是临习书法的第一个阶段，能否把笔执好关乎临习字形笔画的优劣，因此需要不断的反复练习才能慢慢适应熟练。

（2）身体姿势[2]：

身体姿势主要是站姿和坐姿。初学书法的小学生由于以书写大字为主，因此以站作为主，站姿要身体放松端正，离桌子一个拳头距离，双脚并排，与肩同宽，收腹，胸往前倾，左手压住纸张，右手肘舒展的幅度以舒适为准，不能刻意往外拐，以达到手臂和桌子平行，也不能紧挨右侧肋骨，影响手腕的灵活性，手指执笔的高度不宜太低，要根据桌子的高矮作适度调整；坐姿主要是身体要正，胸往前倾，离桌也须有一拳距离，左手或者压住纸，或者枕着右手，右手执笔高度不宜过低，也不能过高，以能运腕发力为准；小学生由于本身的好动特性和身体发育不太成熟，导致身体姿势往往不能持久保持正确，或两腿并拢，或膝盖弯曲，或弯腰垂背，或脑袋歪斜，身型不正等，教师要及时发现并耐心加以引导纠正。

2. 蘸墨，捺墨，搁笔

蘸墨，捺墨，搁笔这三个动作是小学生临写前心理是否平稳安静的真实写照。蘸墨时应把笔腹在墨池中来回反复转动，或者在墨池中反复提按，使笔毫充分受墨，动作宜缓而有序；捺墨正确动作则是由笔根到笔锋，由里向外地在墨池边缘进行滑动，过程要缓慢而有节奏，捺墨的作用一是把蘸墨中多余的墨过滤掉，使笔毫的墨量恰到好处，二是使笔锋重新聚拢，起到临写前调能写出锋芒的作用；搁笔则是捺笔完成，或者书写完成把毛笔搁在墨池边缘，正确动作是缓慢地用笔毫搁在墨池边缘，一是使毛笔能固定在墨池，使笔杆不至于掉下来，二是使笔杆不沾染到墨池边缘的墨，保持笔杆的清洁。因此，正确的蘸墨，捺墨，搁笔动作是小学生放松心情，调整心理状态，使身心进入书写状态的保证。

3. 临写前注意纸张和身体的距离

在临写前的准备中，还要注意纸张的摆放位置，更确切地说，就是所要书写字形和身体的距离，这个距离关系着能否舒适地运用手腕去书写，如果书写字形离身体太远或太近，既不利于视线的观察，也不利于手腕的发力。因此，书写字形和身体的距离要保持适合的长度，这个长度很难量化，主要哦依靠教师经验的引导，但原则上以不影响手腕在书写过程中的摆动发力，不阻碍视线对字形的观察为准。

4. 临写前重视"摹"的作用

在真正进入临写前，要进行"摹"的准备，这一过程可以放在操作准备之前，也可以在之后。操作的准备是手的准备，而"摹"其实是脑，眼的准备，通过"摹"的各种观察分析方式，儿童可以在大脑中建立起对临写对象在笔画，结构上的印象。"摹"的分析手段是多重多样，以下介绍几种常见的方法：

（1）双钩。双钩就是用半透明的纸覆在字帖上，把临摹对象的轮廓勾勒出来，其过程很像古代复制作品的勾摹，但在这里是作为一种观察分析的手段。双钩是我们缩短和字帖距离的最方便的方式，双钩能使我们对字帖有更深入的观察，避免临写时由于看帖不仔细而导致"大概齐"的问题。可以说，双钩是我们学习书法不可缺少的，缺少了双钩的过程，我们会临得困难，因此，在临写前要做好充足的双钩准备。

双钩可以有两种方式，一种是摹着钩，即用纸覆在原帖上勾勒出笔画及字形的轮廓，此种方法可以根据教学需要进行各种笔画及结构的单项训练。一种是对着钩，就是看着原帖，自己用硬笔在纸上把原帖的笔画及字形轮廓画出来。此两种钩摹方法可以互相参照，互为检验。

（2）手指模拟法，即用手指在原帖临摹对象上按照笔画顺序把字摹写出来，在这个过程中要注意用手指表现出字帖笔画的提按变化

（3）方向分析法，即用铅笔把笔画的延长线画出来，有利于观察分析单字中相同笔画或不同笔画间的方向角度关系，在楷，行等书体中，"横平竖直"，"平行等距"都只是大概的，在具体字形中，笔画间的方向都会发生变化，通过方向分析法，可以总结出各种笔画的方向规律。

（4）轮廓分析法，即用铅笔把临写对象的外轮廓画出来，用来观察临写对象的大概收放关系，通过此种方法，可以观察归类单字的外轮廓额规律。

（5）相对位置标记法，即用笔在单字内部把笔画间的交集点标记出来，用来观察字形内部各种笔画的位置关系。

以上的观察分析方法，作为临写前的必要准备，不仅有利于小学生在临写前捕捉到临写对象的用笔和结构特点，更在无形中锻炼小学生的观察，辨析，记忆的能力，做到临写时"胸有成竹，有的放矢"。

二、临写过程的书写

1. 要对临写对象保持专注度

临习的书写过程其实就是"拟"的过程，孙过庭云："察之者尚精，拟之者贵似"，"察"就是观察分析，"拟"就是临仿，孙过庭认为观察分析必须要仔细精确，临仿就必须追求形似，那么如何做到临写的时候能无限接近临仿对象呢，这其实是观察分析和书写技能熟练程度综合作用的结果，二者的结合才能达到临写"形似"的要求。

在实际的小学生临写过程中，却存在着一些临写时的问题，如小学生往往把范字丢在一边，一口气写上很多个；又如小学生在书写过程中经常无意识地会把平时书写硬笔时"横平竖直"等书写习惯笔画带到毛笔上；又如小学生有注意范字的意识，但往往很多时候都是看着自己前一个临写字样进行下一个字的书写；这三种情况与其说是在临仿，倒不如说是自欺欺人地在玩弄笔墨，完全背离了"拟"贵形似的要求。

因此，在小学生无法熟练掌握书写技巧的前提下，临写过程中观察

范本习惯的养成就显得尤其重要。一方面，小学生要把范字放在自己眼睛可以聚焦到的范围内，最好是在临写的旁边或上边；一方面，小学生在临写过程中要做到眼不离帖，放慢临写的速度，一边观察范本，一边书写。通过眼睛分析观察来提高临写过程的专注度。

2. 临写运笔过程要注意发挥笔毫的弹性

临写的过程不仅要脑分析观察，最后风更要落到动笔模仿，把分析观察到的笔画，字形结构特征通过毛笔笔毫的运行模仿出来，这一过程就要涉及到如何操作毛笔自然临写出既相似又高质量的笔画及结构。小学生在临写中常常会出现两种极端情况，一种是能把临写对象的笔画模仿的很像，却缺乏运笔时的灵动自然有生气，整体笔画显得呆板做作；一种是笔画放任自然，随意书写，笔画绵软无力。前一种情况主要是起收笔书写动作繁复，存在描画的现象，没有发挥笔毫自身的弹性去书写；后一种情况书写动作偏少，起收笔完全按照自己意愿随意书写，没有一定的书写提按规范。因此，在临摹过程中，运笔的动作正确与否决定了临写笔画质量高低的标准。

那么何为正确的运笔呢，元代大书家赵孟頫曾说："书法以用笔为上，然结字亦需用功，盖字因时相传，用笔千古不易"。这句话有两层意思，一层为书法技能以用笔为最重要的部分，第二层的意思为用笔的方法千古不易，书法虽有字体风格等面貌的不同，但用笔的基本规律原则是一致的，是相通的。只要符合用笔的基本规律和原则的运笔方法即为正确的运笔，虽然历代对用笔规律和原则的争论不绝于耳，但有一点是得到肯定的，就是笔毫的弹性受于纸面形成弹力，通过弹力来进行行笔和调整笔锋，从而保持笔锋运行在笔画轮廓的内部，避免笔锋偏离出来，形成偏锋。这样写出的笔画自然生动，浑厚有力。笔毫弹力的大小跟笔毫下压的深浅和弯曲共同决定的，但并不是弹力越大越好。因此，必须控制好笔毫下压的深浅及弯曲的程度。

（1）控制笔毫下按的深浅程度

弹性之物必然有其弹性的限度，在一定的弹性范围内，弹性的物体不仅可以生发弹力，还可以迅速恢复过来。超过限度之后，弹性遭到破坏而绵软无力且难以复原。毛笔由于它本身材质的柔软及圆锥形状决定了它具有一定的弹性，学书者通过执笔把力作用于笔毫，使笔毫的弹性与纸发生作用转化为书写中的弹力。发挥笔毫的弹力是要在笔毫弹性范围内的，不按压或过分按压笔毫，都无法发挥笔毫的弹性，从而无法获得足够的弹力。如在起笔或转折中，如果过分按压笔毫，甚至按至笔根，那么在起笔到行笔的调整中就会相当困难，因为笔毫受力太大，弹性遭到破坏，笔锋无法聚拢弹起来做下一个调整动作。因此，要充分发挥笔毫弹性的前提就是要控制按笔的深浅程度。

（2）控制笔毫下按的弯曲程度

笔毫弹力的大小不仅受到笔毫下按的深浅程度的影响，还受到笔毫的弯曲程度的影响。控制笔毫弯曲程度的关键是行笔过程中笔杆的方向。一般说来，笔杆方向越向行笔方向相反，笔毫的弯曲程度越大；越倾向于行笔方向，笔毫弯曲程度越小。但并不是笔毫弯曲程度越大越好，也不是越小越好。笔毫弯曲越大，弹力越大，使运笔滞涩不够流畅；笔毫弯曲越小，运笔没有着力点，笔画绵软无力。小学生在行笔过程中最常犯的错误就是运笔或调整笔锋过程中笔杆的方向或者躺着向行笔的方向，笔毫得不到充分受力，从而没有弹力完成笔锋的调整；或者笔杆偏侧太过，使笔锋无法运行在笔画轮廓中，形成偏锋。合适的笔毫弯曲程度和深浅程度互相作用，使笔毫有弹力却不滞笔，无论是行笔还是调整笔锋都能使笔毫在笔画轮廓中。因此，在实际书写过程中，为了使笔毫受力合度，发挥笔毫弹性的作用，必须在行笔和调整笔锋过程中注意调整笔杆的方向。首先，笔杆的方向不能偏侧，偏侧容易减少笔毫弯曲程度，使笔毫在运行过程中偏离笔画的轮廓；其次，在调整笔锋时，如起笔向行笔的过渡，笔杆立起稍微顶住笔毫，使笔毫有向行笔方向转变的弹力，使笔毫方向在行笔过程中迅速向行笔方向转变而没有偏离笔画轮廓；再次，在行笔过程中，笔杆的角度不是一尘不变的，应随着手指、手腕、手肘的摆动，使笔杆方向向着行笔的相反方向渐渐摆动。

弹性是毛笔与生俱来的，在书写教学过程中，充分发挥笔毫的弹性使其转化为弹力，并正确的运用它，做到笔毫随笔杆运动，笔杆随手腕摆动，便可以在书写过程中规避诸如"描头画尾"，"反复提按"等坏习惯，使书写的笔画生动自然。

3. 注意临写对象和书写结果的大小矛盾

关于初学书法先学大字还是小字，明代丰坊在《童学书程》中指出："学书之序，必先楷法，楷法必先大字。自八岁入小学便学大字，以颜为法。十徐岁乃习中楷，以欧为法。中楷既熟，然后敛为小楷，以锺王为法。"

丰坊按照年龄由小到大把学习楷书的大小由大楷到中楷再到小楷，这是符合儿童认知规律，小学生由于年龄和练习时长的限制，手对笔的控制能力非常生疏，对字形的用笔和结构的理解非常肤浅，而小字往往极为讲究笔锋提按的运用和对结构的理解，这种矛盾就决定了儿童不适合写小字。但是，如果把字放大了书写，却又会带来很多转换问题，而这些问题，是需要我们注意并加以研究的。

（1）范本字形的大小要和书写字形大小吻合

市面上所大多数的字帖里的字形都很小，即使是 8 开放大本，单字的尺寸也不大，一方面是由于篇幅大小所限，一方面由于要照顾所有内容。因此，如果用市面上的字帖提供给小学生练习，就会面临着看着字帖里的小字写大字的困难，主要表现为小字字帖转化成大字临写时，笔画轮廓的轻重大小，笔画相对位置，相对长短都要进行变化调整，小学生往往由于观察分析不到位，缺乏大小转换的训练，导致无法准确地把小字字帖转换成大字的临写。因此，小学生不具备看着小字字帖转化成大字临写的能力，教师在示范或者提供给儿童范字时，尽量做到范字大小与临写字形的大小吻合，这样，才能规避掉小字字帖转化成大字临写使所带来的观察和转化问题，使小学生在临写时能更为直观的观察到字帖里传达的信息。

（2）大字临写小字时在某些笔法上需要转换

古人在大字和小字的区别进行了很多探索[3]。在元以前，古人受到纸张大小及材质的制约，书写习惯以小字居多。因此古人临写时字形大小不会和原帖字形有多大差距，便在大小字笔法上的不同没有做出相应研究，而今天我们在临写古人字帖时，常常面临着大字临写小字字帖时笔法的转换问题！在小学初级书法教育中，这个问题尤为值得我们去研究。

大字临写小字时的笔法转换是一个由笔毫材质，笔毫形态，纸张性质，大字放大倍数等因素综合作用的结果。古人在书写小字时，无论横、竖，还是钩，折等笔画，其书写时笔毫的运行都是力求简便自然，调整笔锋的动作会简单快捷，但是如果我们把字形放大了书写，由于受到笔毫形制、放大的程度、纸张材质等原因的影响，不得不在一些笔法上做出调整。如横折撇，古人书写小字往往不需要过分调整，笔锋到转折处顺势停顿变化方向，而折笔时的形态往往是笔毫和纸张自然生发的结果，而放大后，我们往往会为这一折笔形态效果进行笔锋的提按调整和笔杆方向的调整，无形中和古人那种流畅自然的笔法区别开来。同时，由于纸张材质，笔毫形制等古今迥异的问题，古人小字中的笔画有些特殊的形态在放大后是无法表现出来的，我们在进行转换时必须理性的对待，不能钻牛角尖。如果我们强行用大字去表现小字中这些特殊的笔画形态，就会陷入做作描字的怪圈，背离了古人自然流畅的书写本意。

三、临写结果的检验和评价

临写过程的结束并不意味着整个临习活动的终结。缺少检测和评价手段的临写过程是不科学的。临写的目的是向字帖学习运笔，结字的方法及习惯，并通过分析总结，逐渐改变自己本身的运笔结字习惯，使自己的运笔结字习惯尽量接近字帖。临写过程从这种角度来说其实是一种纠正自己书写习惯而不是巩固自己书写习惯的过程。因此，建立检测和评价的方法体系，对临写结果进行科学的检验和评价，有利于反思自己的书写结果及运笔方式有没有和原帖接近，并寻找出在临习过程中的优缺点。

1. 检验

在小学生临写过程中，总存在增加练习量和重复书写错误之间的矛盾。小学生处于初学入门阶段，需要大量地练习来熟悉毛笔特性和书写节奏，但是在大量的书写中又很容易不断重复书写的错误或自己以往的习惯。因此，教师要在这一矛盾中寻找平衡点，探寻检验和反思的方法，引导儿童在范字和临摹结果之间观察分析，并慢慢锻炼儿童的纠错能力，渐渐养成小学生自觉发现问题，解决问题的习惯。

（1）对照纠错法：

对照法有两种形式，一种是把临写结果对照临写对象，通过笔画方向、长短、轻重、起收笔形状、笔画位置等方面的分析检验，寻找出临写的问题；一种是把临写结果覆在范字上，检验临写结果和范字有哪些没有重合的地方，从而寻找出问题所在，这种方法要求所写字的大小要近似范字大小，因此，在小学初学阶段可以把范字字形放大，达到与所写字形一致。

（2）记录纠错法：

一方面，通过笔记的形式把观察到的临写优缺点逐条记录下来；另一方面，可以通过日记的形式把书写的过程进行总结，这样做可以加深对优缺点的印象，还能锻炼书写表达能力。

2. 评价

评价就是对自己的临写结果进行口头上的评论，并辅以文字记录。

评价的方式多种多样，从评价人的角度一般分为自评，互评，教师评价等。自评就是自己对自己的临写结果进行评论，可以在课堂上，也可以在课外；互评就是学生间相互评论总结，一般在课堂上；教师评价就是教师评论学生的作品，可以单独评论，也可以对比不同临写结果进行评论。

临写结果的检验和评价是一种纠错的训练手段，同"摹"的分析手段一样，都是锻炼小学生的观察、辨析、记忆等能力。每位教师都应把这些手段用活，使学生既能切实提高书写效率，又不枯燥单调。

结语

临写过程的每一个步骤都是环环相扣，相互影响的，每一遍的临写准备，临写过程，结果检验的循环反复，是小学生不断试错，察错，纠错的过程，也是不断培养儿童良好书写习惯和行为习惯的过程。在儿童临习教学过程中，不仅要锻炼小学生的毛笔操作能力，更重要的是要培养小学生发现问题，解决问题的分析观察能力及良好的行为规范，使儿童能在一种良性的临习循环中体会书写的乐趣！因此，书法教师要不断探索临摹过程的教学方法，不断使临摹的过程更趋于科学，规范。

【注释】

[1]临和摹是古人总结出来的两种学习书法的方法，古人对临和摹的论述比较详尽，如黄伯思《东观余论》曰："临，谓以纸在古贴旁，观其形势而学之；若临渊之临，故谓之临。"又曰："摹，谓以薄纸覆古帖上，随其细大而拓之；若摹画之摹，故谓之摹。"

[2]白蕉在《书法十讲》中引用程易田的话，重点解释身体各部位对姿势的影响："书成于笔，笔运于纸，指运于腕，腕连于肘，肘连于肩。肩也，肘也，腕也，指也运于右体者也。而右体则运于其左体。左右体者，体之运于上者也。而上体运于下体，下体者两足也，两足着地，拇踵下勾……下体之实矣，而后能运下体之虚……于是以三体之实而运右一体之虚。于是右一体者，乃至虚而至实者也。"

[3]苏东坡云："凡世之所贵，必贵其难。真书难于飘扬，草书难于严重，大字难于结密而无间，小字难于宽绰而有余"，又米芾云："凡大字要如小字，小字要如大字"，又陈槱云："昔人云：'作大字要如小字，作小字要如大字。'盖谓大字则欲入小书之详细曲折，小字则欲具大字之体格气势也。"

儿童书法教学中教学方法的设想

■ 王福全

　　2013 年教育部出台了《中小学书法教育指导纲要》，更加明确了中小学书法课教学的目标和任务要求，众多的小学开始开设书法课。2016年两会期间，中国书法家协会副主席张改琴提出，中小学全面开设书法课程，把书法教育纳入教学研究工作范围和教育督导专项内容。但是，由于各个学校的师资条件不同，书法课并未达到所期望的效果。一些教师属于"半路出家"，大多书法教师都是美术老师或者语文老师担任，或者是在学校挑选硬笔书写好的教师兼任，殊不知硬笔和毛笔存在很大的差异，二者不能等同，硬笔更多看重实用性，短时间内通过练习改善书写情况，而毛笔更多是实用性和审美性兼具，不能一味要求短时间内有书写改变，讲求的更是一个长期的潜移默化的改变过程。这些临时上任的书法老师对于书法理论知识和书法学科特点不了解，很容易在教学过程中对学生的学习出现误导，从而达不到理想效果，使学生的学习认知出现偏差。

　　笔者首先设想到学生的启蒙教学，书法课的普及让部分学校从一年级或三年级学生开始学书法。按照教育心理学中皮亚杰的认知发展理论来看，一到三年级学生的认知发展都处于具体运算阶段，这个阶段的学生最大的特点是具体逻辑思维开始占主导地位，就是说学生善于根据具体事物来思考问题，同理，学生对于具体符号的认知会比抽象或无规律符号更容易。那么，根据心理学理论指导来思考，学生初学书法应该选择学习什么样的帖呢？

　　字帖是学生无言的指引者，择帖就是择师，字帖是否合适一定程度上决定了学生学习后期的发展。从现存传统的教学方法里可以看出，大部分教师选择引导学生以学习唐楷或隶书入门。相比较而知，唐楷法度严谨，笔画变化丰富，学生不易察觉，初学者临习其实是有很大难度的。也有教师认为隶书也是入门字帖很好的选择，特点明确，线条松动，学生容易掌据，字形结构更容易写准确。根据笔者实际教学经验显示，小学生存在个体差异，不是每一个人都能理解汉字结构，写出横平竖直，存在一些学生，特别是男生居多，好动性强，思维活跃，写出来的汉字天真烂漫，不符合标准的汉字结构，但其中的用笔灵动，结体率真，是很多书法大师学不来的，那我们尝试引导学生从天然奇趣的摩崖石刻、大篆、汉砖等充满天趣的造型文字开始入门，既提升了学生兴趣，又保留了学生的稚拙的艺术感。这些字体省去了严谨的横竖撇捺和繁杂的起收提按，学生随意临习，天真童趣。教师根据造字法讲解形态各异的字，让学生沉迷于图形的塑造中，而不是一味追求横平竖直。

就比如一个寒字：讲的是在很冷的天气里，一个人蜷缩在家中，用草取暖，地上都是冰。读一个"寒"字就能有这么多信息，可以见通过此类教学方式，学生不仅学会写汉字，还能真正了解到汉字的来由。

笔者在实际教学过程中感受体会到，对于书法启蒙教育的学生，更愿意去画字，试图看懂符号的含义，再通过自己的理解把这个字画下来，运笔大气，提按大胆，结构稚拙，写出来的字很夸张，线条有力质量很高，透出强烈的自信。从这点来看，学生的书法启蒙教育就是成功的，学习就是要先让学生走进来，他才会去看里面有什么，而不是一直站在书法艺术的门口，读着从里面透出来的一条条规则。通过一段时间的学习，学生手上力度增加，线条显得更"老练"是开始慢慢根据具体情况选择小篆、隶书或者对于一些接受能力逐渐变强的学生可以尝试临习楷书。这也符合学生的认识从简单到难的规律，只要教师引导得当，因材施教，每一位学生都能渐渐体会到书法艺术的美。

下面是笔者对于教学设想的尝试：

青少年书法教学中教学方法的设想

根据小学生的心理特点及身心发展的阶段性，教学主要以直观教学为主，为了吸引学生注意力，提高学生对学书法的兴趣，教学过程中教与学的方式都应该多样。让整节课学生都处于有意注意和无意注意双重影响的过程。这就是需要教师采用多种教学方法，集合多种教学方式，让学生在整节课中都处于精力集中状态。下面是笔者关于课堂教学方式上的一些设想，希望对青少年书法教育起到促进作用。

1. 讲故事的方式

在新课开始之前教师可以尝试以讲故事的形式去抓住学生注意力，

生动有趣的讲解古代书法家的传说。如果教师在上一节课结束之时会留下问题或悬念，学生很期待下一次上课，那本节书法课就有了很好的开头。校外机构年轻教师偏多，教师故事呈现抑扬顿挫，很能引起学生的兴趣，其间注重与学生交流互动，为随后新内容的学习垫定了基础。

2.诵读经典的方式

自西周开始，道德行为的规范教育一直是小学教育的一项重要内容，所以在历代的小学课程中，《论语》《孝经》等有利于小孩道德行为规范的课程几乎一直被开设。特别是宋元时代的小学，对儿童青少年道德教育的教材明显增多，如吕本中的《童蒙训》、吕祖谦的《少议外传》、朱熹的《童蒙须知》和《小学》、陈淳的《小学诗礼》和《启蒙初诵》等等教材中，均加大了对儿童青少年的道德行为的教育。明代的小学不仅将朱熹的《小学》作为教材，还要求就读社学的子弟读《大诰》这样的法律书籍，其目的应该是进一步加强儿童青少年道德行为规范的教育。古代对于儿童的道德行为教育就蕴含在古代经典文化知识的学习上。母扬祖在《社学规条》里有这样一句：各社成童师一人，蒙师一人，俱要文行兼优者。蒙童读《四书》《孝经》《小学》《五经》《性理》毕，应对进退，礼貌可观，方向成童师受业。从中得知，明代时期的蒙学课程中，有不少都是和道德行为教育相关的，儿童需要诵读《论语》《孝经》等来养成良好品德，掌握经典文化。在我们现代学校课程里，已经没有了古代经典的专门课程，而是零散的安插在语文课本或课外诵读中，书法作为中国传统文化的重要组成部分，那把书法的学习和古代经典文化的学习结合起来是有必要的。笔者在教学实践过程中加入了《弟子规》《千字文》等经典读物的诵读，由于低年级学生知识储备有限，正好利用这个因素加入猜字游戏，学生兴趣浓烈，课堂导入十分成功。

3.吟诵启蒙读物的方式

有节奏和韵律的内容更能抓紧学生的注意力，如果隐晦难懂的文言文不能被学生接受，教师可以充分发挥主观能动性，利用现有资源，把古代经典文化内容改成朗朗上口的歌曲来进行教学。古代经典中可以参考的有《训蒙骈句》《笠翁对韵》《声律启蒙》等。以古代教小孩吟诗作对的启蒙读物—《声律启蒙》为例，在实践教学过程中取得很大的成效。声律启蒙里面涉及大量中国古代传统文化知识：天文、地理、花木、鸟兽、人物、器物等，通过改变成诗歌，读起来很好听，跟唱歌一样，试问，把书法课变成唱歌，会有学生认为枯燥吗？《声律启蒙》中从单字对到双字对、三字对、五字对、七字对、到十一字对，声韵协调，琅琅上口，从中得到语音、词汇、修辞的训练，潜移默化中学生在书法课上学到更多相关的知识。在笔者的教学实践中，学生尝试写所唱内容，证明此方式开始引起学生的兴趣，提起学生的无意注意。此类方式特别适用于好动性强，对中文知识掌握有限等学生。

4. 国画导入的方式

元代著名画家和书法家赵孟頫曾题诗：石如飞白木如籀，写竹还应八法通，若也有人能会此，须知书画本来同。在诗里，赵孟頫强调中国书画同源，二者相互促进。学习过书法人都知道，如果掌握了毛笔性能再去学习画画是件很容易的事情。相反，利用画画来练习写字时的笔性也是很有必要的。国画的每一个细微笔触，都包含着力量饱满的线条，充满流动感。相对于有颜色的事物来说，学生会觉得书法学习相对于枯燥。在实践教学过程中，笔者尝试用国画学习导入书法教学，让学生先熟悉毛笔，产生兴趣，在进行书法教学。只要教师具备足够的专业指导，国画练习过程中是可以引导出书法的书写要领及掌握要求，利于接下来的学习。

书法教学中不同教学方式可以灵活运用，在教师正确引导下不同方式适用于各种课程。我们需要具有前瞻性的教学方法，真正的出路就在于打破传统的教学方法，在教学实践过程中，每一位一线教师都应该主动积极探索，善于总结，才能达到更好的教学效果。

跨专业学科合作组织活动模式的探索与尝试

——"佳茗与翰墨共飘香"实践活动案例

■ 张 蓬

摘要：在我们的日常生活中，茶事与书写最能体现中国文人的高品位，将茶事演变为茶文化，将书写演变为书法，是把生活当作艺术。品茶追求清、静、和、淡、洁与韵，与书法的审美趣味是一致的，充分体现了中国文化的精髓。

中国书法艺术，讲究的是在简单的线条中求得丰富的思想内涵，就象茶与水那样在简明的色调对比中求得五彩缤纷的效果。它不求外表的俏丽，而注重内在的生命感，从朴实中表现出韵味。茶文化与书法展示是书茶合一，充分呈现我们传统文化中最具品质的精华，让学员以艺术化的生活态度，感受传统中的那份文静、优雅的气质，在茶艺与书法的融通与对话中结交新的朋友。

关键词：跨学科合作　文化契合点　自身资源利用　混搭互赢

"一壶清水冲百味，双色黑白万般美。皆须静心品妙处，茶墨千年竞争辉。"

茶艺与书法同属中华民族的本土文化，品茶追求清、静、和、淡、洁、韵，这与书法的审美趣味是一致的。茶艺与书法能充分呈现我们中国传统文化中最具品质的精华。中国书法艺术，讲究的是在简单的线条中求得丰富的思想内涵，就象茶与水那样在简明的色调对比中求得五彩缤纷的效果。它不求外表的俏丽，而注重内在的生命感，从朴实中表现出韵味。

书法组学员能写书法，但大多不懂品茶，茶艺组学员反之亦然，借助一次活动营造一种新的学习体验环境，将传统茶艺的特点，如泡茶、奉茶、品茶的礼仪与方法呈现给学生，让学生在书茶合一的氛围中，感受传统中的那份文静、优雅的气质，在茶艺与书法的融通与对话中结交新的朋友。

这就是为什么要把这两个项目放在一起设计活动的原因所在！这次活动也是我校品牌特色创新项目"多彩国学"系列体验活动中的一站，借此机会，设计策划了这次由茶艺和书法两种特色传统文化形式相交汇融合的活动。

活动于2012年5月19日在北京天福茶文化馆如期举行。此次活动共有8-14岁的10名书法学生参与其中，另外还特别邀请了东城区茶文化教育特色校：雍和宫小学茶艺社的10名学生参与活动。在活动的开场导言中，我分别用了茶艺组和书法组学员各自都最熟悉的冲茶之清水和习字之纸墨这两样东西，让学生理解书法和茶艺都是通过使用最简单材料和元素，却能幻化出最丰富多彩的内涵。从最显见的直觉上，让孩子知道书法与茶艺有相似之处或有着某种内在的联系。

首先，我请天福的茶艺师带领学生参观了茶文化展览，在参观之后我用连线题板做了一个小的测试，检验同学们参观了解茶文化展览的效果。接下来的"赏茶戏"环节书法组同学看得津津有味，在茶艺社同学精心排演的"黄金茶的传说"戏剧小品中小演员亮出了皇帝为茶而"御笔"亲题的对联和横幅。表演结束后来我和同学们说，黄金茶的传说确有历史记载，但皇帝的题字纯属戏说，因为对联和横幅就是出自张老师之手。

对茶与书法文化更深一步的解读，我交给了一位重量级的嘉宾：北京师范大学艺术与传媒学院书法系主任邓宝剑教授。在同学们惊喜和期待的目光中邓教授深入浅出的为大家讲述了两幅出自宋代大书法家蔡襄之手的以茶为题的经典法帖。为什么法度森严的小楷《茶录》会出现文字大小不一的现象？那是因为它作为进献皇帝的奏章，在书写时必须表现出对皇帝尊敬的君臣之礼；而笔墨流畅的行书《精茶帖》，又表现了蔡襄在暑热之季奉送好友李公瑾"精茶数片"以表达慰问的朋友之情，法帖的艺术风格和法帖背后的故事通过邓教授之口娓娓道来，同学们听得如痴如醉。

活动进入核心部分，我提议两组学员默念着他们自己最熟悉的名字：陆羽和颜真卿，沿着茶与书法的文化血脉进行一次"穿越"和先贤们做一次精神层面的交流。伴着古筝优雅的韵律，两组学员各展所长，一时间，笔墨轻舞、茶花翻滚，充分营造出了"佳茗与翰墨共飘香"的浓郁氛围。在书写的过程中，茶艺组的学员悄悄给书法组的同学端过香茶，书法组的同学也以自己完成的精致书法作品回赠给他们。看着小伙伴之间羡慕的眼神，这边书法组的同学邀请茶艺组的同学来体验笔墨之中的乐趣，那边茶艺组的同学也传授书法组同学泡茶、奉茶的方法，此刻孩子们在茶香和墨香中快乐的融合在了一起。活动最后，我讲述了司马光和苏东坡在历史上很有名的"茶墨之辩"。通过这个小故事我点明了此次活动的核心文化价值：习茶与学书最终都是对人品行和道德的一种修炼。

本次活动达到了预期的效果：其一，通过知茶识、赏茶戏让书法组学生了解茶文化的渊源开阔了眼界、增长了见识；其二，通过观法帖、书茶诗，在茶艺与书法融合的氛围中感受了独特的书写体验，提升了自己的专业能力；其三，通过敬茶、赠书，与茶艺组学员的交换体验等环节让参加活动的学生结识到新的朋友、建立一份新的友情，同时也收获一份对传统文化价值的认同，更重要的是激发学生更加愿意传承茶艺和书法技艺与文化传统的意愿。

古今书法教育浅析

■ 朱海玲

摘要：书法艺术是中华民族最古老的艺术之一，是传统文化的重要组成部分，同时也被一些外国人所喜爱，它的传承和发展自然离不开各个时期的书法教育，可是在漫长的书法发展过程中，书法教育教学问题并没有得到应有的重视。古代书法教育在模式研究上缺乏相对的科学性，如今在各类学科制度建设日益完善，书法发展盛况空前的局面下，进行古今书法教育教学的比较分析，构筑科学的书法教育教学模式有着非常重要的意义。

关键词：书法　教育

一、书法教育的历史概况

书法作为中国的优秀历史文化遗产，它的传承和发展离不开书法教育，纵观中国整个书法历史，历朝历代都或多或少有关于书法教育的记载和论述。

（一）古代书法教育

书法是中华民族最古老的艺术之一，从产生到现在已有三千多年的历史，它是以汉字为载体的艺术。文字具体在什么时代产生？目前尚无定论。汉代孔安国在《尚书·序》中说："古者，伏羲氏之王天下也，始画八卦，造书契以代结绳，由是文字生焉。"他认为是在伏羲的时候开始有了文字。

在奴隶社会，统治者为维护其利益，兴办官学，实施各种教育。在商代随着社会的发展，一部分人从生产劳动中脱离出来，专门从事文化教育。

西周时候把书法教育列为"六艺"之一。学校分为国学与乡学，国学由贵族子弟就读，乡学由乡人子弟就读。可以说没有"六书"之教，也就不可能有西周金文书法的发展和成就。春秋战国时期，周王室衰微，诸侯纷纷争霸，同时私学开始兴起，旧的教育制度被打破，促进了书法教育的普及和自由发展。但文字的多样化同样导致了交流的十分不便，不利于书法教育的健康发展。

秦始皇灭掉六国完成了统一，开始着手文字改革。

汉承秦制，汉代的统治者比较重视文化和书法教育，"政府根据《尉律》来课试选拔书法好的学童，任以郡县以至中央主干文书的官吏；上书奏事，如果文字不规范，可以举其事而纠其罪。"汉代出现了很多书法家，这与政府对书法教育的重视，书法取仕结合是分不开的。

宗白华说："汉末魏晋六朝是中国政治上最混乱，社会上最痛苦的时代，然而却是精神史上极自由、极解放、最富于智慧、最浓于热情的一个时代。"西晋武帝时期，秘书监立博士，教授弟子楷书和行书，对新书体的普及和推广起到了重大作用，这是所谓的"官学"。南朝四位开国皇帝，有的出身行伍，有的出身低微，文化水平不高。但在夺取帝位之后，却十分重视对于子弟们文化的培养，书法的教育和训练便是其中之一。南朝宋和齐均设有"侍书"，陪伴太子和诸王子弟练习书法。

唐代的科举制度中，书法是重要的一个科目，同时也是作为官品优先录取的一个条件。唐太宗贞观年间在国子监设六学，"书学"就是培养书法人才的学校。唐代也是中国书法史上最辉煌的高峰，书家辈出。

宋代对于书法教育的贡献就是刻贴的流行。

整个元代书坛都在赵孟頫的引领下，由于赵氏推崇古法，元代的书法教学思想以复古为宗旨。

明初太祖、成祖时设中书舍人职，以求擅长书法之人，书法教育随之兴盛，涌现了一大批书法家和书法教育家，但同时也导致了千人一面的"台阁体"的出现，影响了书法艺术个性的发展。

清朝政权入住中原，定都北京之初，重修国子监太学，专门设立了练习书法的课程，还定期检查学生作业。康熙、乾隆时，由于皇帝特别偏好书法，字写的好的可以谋得好职务，反之则会被降级。大量事实证明，清代书法艺术风格的来源及形成，主要出自于家学渊源，名家传授及朋友之间的影响。换言之，各种学校教育为培养书法人才打下了基础，真正推动艺术发展的力量，则主要来自于民间传授，而非官方教育。

（二）近现代书法教育

1. 新中国成立以前的书法教育

1902 年，清政府在南京设立了两江优级师范学堂，在李瑞清担任两江优级师范学堂总办之后，于 1906 年在学堂设立图画手工科，李瑞清本人执教书法专业。"由是，书法教育第一次在高等教育中出现，第一次以正当身份进入艺术殿堂——请注意，它不再是中国文学课程的依附，而是图画（艺术）课程之一。我们不得不把李瑞清推为学校书法教育的第一人，不管卫夫人教王羲之，也不管汉代有鸿都门学，唐宋有书学博士也罢，真正书法具有独立教育体格的，李瑞清是第一人。"蔡元培先生作为我国的著名教育家，曾经呼吁"增设书法专科"，成为当代书法教育的伟大壮举。1912年 11 月刘海粟等在上海创办了"上海图画美术院"，后来改为上海美术专科学校。随后，北平美术专门学校、上海艺术专科师范学校、武昌美术学校、南京美术专门学校、苏州美术专科学校等相继成立，为社会培养了一大批书画家。民国中期，胡小石为金陵大学讲授书法史课程，此后，从事书法教育的还有黄宾虹、马公愚、诸乐三、潘天寿等。1943 年 4 月，在重庆成立了"中国书学会"，成为当时最有影响力，而且是第一个全国性书法组织。"该会曾以'发扬中国书学，推动书法教育'为宗旨，编辑出版《书学》杂志共 5 期，整理了大量书学史料还编写中、小学写字范本，用复信的形式解答书法爱好者的疑难，成为特殊时期社会书法教育的一面旗帜"。

2. 新中国成立后的书法教育

新中国成立，国家大力发展各项教育，特别是中小学教育的普及和扫除文盲的教育，为书法教育的发展奠定了广泛的，坚实的基础。

书法组织的成立，推动了书法教育的普及与发展。经过老一辈书家的辛勤努力，于 1957 年成立了建国以来的第一个书法组织——北京中国书法研究社，社长先是章士钊，后来是陈云浩，开创了现代书法组织的先河。1959 年，沈尹默在全国政协会上呼吁振兴书法，1961 年 4 月，成立了上海中国书法篆刻研究会，沈尹默任主任委员。研究会一成立，就举办了上海市第一期书法学习班、举办展览，推动书法教育。由其值得一提的是，在国画大师潘天寿的倡导之下，浙江美术学院（今中国美术学院）分别于 1963 年和 1964 年招收了两届共 5 名学生。这是建国后中国高等书法教育的起点，同时也是中国书法教育的里程碑，为后来的书法教育提供了宝贵的经验。1976 年 10 月，十年浩劫宣告结束，书法这颗古老的，奄奄一息的朽树终于焕发出了新的嫩芽。1977 年 10 月，中国大陆第一本书法专业刊物——《书法》杂志在上海创刊。1981 年 5 月，中国书法家协会在北京成立，1983 年创办了自己的机关刊物——《中国书法》杂志，连同上海的《书法》等杂志，成为书法教育的指导性读物。学校的教育方面，1979 年，浙江美术学院（中国美术学院）首次招收书法研究生，1984 年恢复本科招生。首都师范大学于 1985 年设立书法专科，之后招收本科、硕士研究生。到 1995 年，建立了中国第一个博士点。书法教学从专科、本科、硕士、博士、博士后流动站形成了完整的教育体系。

二、古今书法教育比较

（一）书法教育理念的不同

古代书法教育的宗旨是为统治阶级服务的，学校教育为统治者所独享。中国古代的书法教育是读书习字与书写技能的同步进行，书法以文字学为基础，依附于文字教育而进行。其目的就是为了实用。

汉《尉律》中规定："学童十七以上始试，讽籀书九千字，乃得为史。又以八体试之，郡移太史并课，最者以为尚书史。"由此可见，早在汉代，书法就与功名联系起来了，以至于发展到后来的"以书取仕"。

现代的书法教育已不是少数统治者的专利，也已成为了人民群众喜闻乐见的一种艺术形式。书法的实用性已降低，但艺术性却大大提高。书法教育成为了审美教育的一部分，对促进人们德、智、体的全面发展，促进人格的完善都起到了重要作用。

（二）书法教育内容的区别

中国古代的教育首先强调以道德教育为中心。因此，在书法理论中有"人品即书品"一说。如欧阳修在他的《集古录跋尾唐颜鲁公书残碑》这样评价颜氏书法，"余谓颜公书如忠臣烈士，道德君子，其端严尊重，人初见而畏之，然愈久而愈可爱也。"古人书法教育内容的范围是狭窄的、单一的，主要侧重的是书法技法的训练。

今天的书法教育同样离不开书法技法的训练，但由于书法的实用性降低，艺术性增强，技法的训练已成为提高书法艺术水平的一种手段，而不再是终极目标。当代书法教育同样重视人的思想品德教育，但现代教育的内容要比古代辩证、严谨的多，对于书法作品的品评也不再带有唯心主义的思想。

（三）书法教育模式的比较

古代的教育方式大致有两种：一种是由政府兴办的官学，另一种是私学，即师徒传授及家学。

1. 古代官学书法教育模式

官学采用的是普遍讲授的方式，官学是封建统治者设立的，书法教育就必然为统治阶级服务，是少数人的专利，因此书法教育有极大的局限性。官方办学的最早起源在西周之前，自汉代起，官办学校开始兴盛。

汉代的"鸿都府"。"鸿都府"即"鸿都门学"，于东汉灵帝光和元年（178年）建立，因学校位于洛阳的鸿都门而得名。其性质属于一所研究文学艺术的专门学校，规模较大，在学习内容上不学儒家《五经》，专学尺牍、辞赋、字画。"鸿都门学"是世界上最早的文学艺术专门学校。

唐代的"弘文馆"。唐武德四年，于门下省设修文馆，九年，改曰"弘文馆"，以学习书法为主，兼习经史，如国子学。学习内容为书体研习、拓书手、装潢匠等。

宋代的专科学校。宋代的专科学校中有专门的书学和书艺所。学生学习篆书、隶书、草书三体，明《说文》《尔雅》，通《论语》《孟子》。对于书体中学习哪路范本，均有具体说明和评判标准。

此外元、明、清各朝，对书法学习官办教育都是类似方式。

2. 古代私学书法教育模式

私学的师徒传授和家学的书法教育方式，最早在殷商时期的甲骨文中就发现有两行刻着相同的文字，其中一行技法娴熟，另外一行特别生疏，可能为师傅带徒弟所为。中国历史上春秋时期孔子首开私人讲学之风，战国时逐渐兴盛。两汉以后，私学（私塾）成为中国封建时代学校制度的重要组成部分，直到辛亥革命以后广大农村及边远地区私塾还大量存在，就连城市中也同时出现私塾和少数新式小学堂并举的教育格局。这种直观教学法较为自由，只注重对作品表面的临摹，不注重对作品本身、学生本身和教学方法的研究，便于得到真传，大部分书家都是这样培养出来的。

3. 现代书法教育模式

现代的书法教育方式要丰富得多，从校内到校外、从幼儿到老年，书法的正规教育已经全面展开，在方法上也是由古代比较单一的形式逐渐变得更加系统化、科学化。

（1）技法理论导入法

开始从文字化理论引入，更多偏向技法理论的范畴。这些理论本身是动手操作的结果——实践过程的"文字化"。虽然在有些时候这些理论可以起到正本清源的作用，但当我们面对的是一群基础较差、甚至基础是零的初学者的时候，收到的效果肯定不甚理想。只有通过理性分析、总结、研究、学习，才有可能进一步提高线条的内在质量及整体艺术格调。采取这种方式教学者，大都有着深郁的理论功底或浓厚的文人情结。有一定书写基础者，按照这种方式去研究，就已经不再是单纯的技法学习或是经验获得了，而是进入了书法的又一个层次。

（2）点画形变及单字同步练习法

这种模式最主要的特点就是：先学后用、学用结合、笔画结构相互渗透。即学会一个具体的笔画技法之后，就可应用到一些具体的字当中，也可以把它理解成一个具体的"形"。点画与单字间存在必然的联系，比如学习了笔画"横、竖"，我们可以让学生欣赏一些带有横竖的简单字，如："十、下、木"等等，但在实际练习中就只能让学生结合"十"练习，因为"下、木"字里出现了陌生的笔画，"点、撇、捺"还没有学，所以选字要科学恰当，这样在学生们的潜意识中就有一种成功的欣喜，增强学书的信心和兴趣。

如果单独学习完笔画再学习结字，就相当于拆开了点画与单字构成之间的关系，强调单个点画（线条）的完整性而忽视整体观的培养，便可导致一种情况的出现，即笔画训练时个个有模有样，但每到字中的实际运用时总会出现严重的脱节，最后还要把具体的"点画"重新回炉。线条在具体的环境中会有提按、倾斜度、连带呼应等变化，均需要注意各部位与部位之间的均衡协调。

建立合理的教学模式，定能收到良好的效果，也必将培养学生由低层次的审美感受逐步向高层次迈进，由悦目到较高层次的悦心，再到最高层次的悦神的境界的进阶。

【参考文献】

[1] 刘恒《中国书法史》江苏教育出版社　2009 年 4 月版

[2] 丛文俊《中国书法史》江苏教育出版社　2009 年 4 月版

[3] 华人德《中国书法史》江苏出版社　2009 年 4 月版

[4] 宗白华《美学与意境》人民出版社 1987 年版

[5] 韩盼山《书法艺术教育》人民出版社 2001 年版

[6] 顾明远《中国教育大系　历代教育制度考》湖北教育出版社 2004 年版

学生成长篇

　　教育是奠定"学生发展"与"人格成长"的基础，教育是成就自我设计、自我选择、自我构建、自我评价的过程，教育是自我能力的发展。

　　教育是一扇门，推开它，满是阳光和鲜花，他能给孩子们带来自信和快乐。让学生"走出活动室"，体验更多的艺术之美、科技之妙的活动的理念，为校外书法拓展出了更大的活动体验空间。跨专业、跨学科融合的体验模式已经为校外书法活动的新亮点。

　　加减乘除算不尽师者在孩子们身上的付出！诗词歌赋，颂不完孩子们对师者的敬意！一届届孩子走来又走过，不变的是师者对孩子们藏于心底深沉的爱，和挂在脸上灿烂的笑！

我的黑白之旅

■ 王文韬

　　白纸黑墨，不知陪伴了我多少岁月，它见证了我从年幼无知到懵懂少年的历程，可以说，它陪伴了我整个童年的时光，现如今，已经成为了我生命中必不可少的一部分。

　　我上过很多兴趣班，发展过很多兴趣爱好，但是一旦被人问起你擅长什么，我回答的第一个答案永远是——书法，它，已经成为了我生命中不可磨灭的一部分。

　　我还很清楚的记得我上的第一节书法课，整整一节课的时间老师几乎都在教我们怎么握笔，我很快地就学会了，当时的我就非常理所当然的认为，书法，也挺简单的嘛。就这样保持这个观点持续了很久，第一次参加比赛就拿了一等奖更是加深了我对这个观点的肯定，但是好景不长，一段旅途不可能永远的一帆风顺，我来到了我的黑白之旅的第一个瓶颈期。

　　当时的我因为一直没有进步，几乎每次交的作业都会被老师批评，我渐渐的没有了起初的自信满满，也开始质疑起了以前坚定不移的观点，书法，真的有我想象中的那么简单吗？我开始有些厌倦起了之前最喜欢上的书法课，故意说忘记拿作业了来逃避老师的评价，逐渐

在这个黑白之旅中迷失了自我。

所有的事情都不是一成不变的，在沙漠中行走的旅人也终究会看到他所向往的那片绿洲。我已经记不得是什么原因让我重新振奋了起来，或许是同龄人飞快的进步使得自己被远远拉在队尾的不甘，也或许是老师一次次的教导，我的黑白之旅逐渐回到了正轨上。

我开始振作并且勤奋起来，每周我都会与笔墨接触许多次，也许是和它们接触多了的原因，感觉和它们更是亲近了不少，感觉它们从顽皮的孩子转变成了听话的孩子，我可以很好的掌控它们，每周我都会成为老师口中勤奋的代表，慢慢的我找到了自信，旅途开始逐渐加速，奔向光明。

大概是一年前左右，我换了练习的字体，从已经练习多年的楷书到了还有一些陌生的行楷书，很多东西都发生了改变，我的字体不需要在那么刚劲，更多的是需要柔美一些，不需要那些棱角，需要的是更多的连带，不需要有那么多的束缚，不需要那么的规规整整，我好像，又发现了一片新的天地。我的黑白旅行，永远都不会止步不前，它伴随着我的成长，伴随着我的磕磕绊绊，不管未来它会向哪个方向发展，永远不会改变的，是它在我生命中留下的一道黑白的印记。

天坛青少年活动中心学员

传承·传播·有我

■ 刘珅童

　　我写好放下了笔，便递给了她。她兴奋地把宣纸接了过去，看着上面还没干透的墨迹爱不释手，湛蓝的眼睛冒着光，冲我笑着用中文说了句谢谢，便跑到一边向她的伙伴们炫耀。刚开始他们还很羞涩地躲在老师身后小心翼翼地注视着我，这会儿全都挤在我身边争先恐后地让我也写下他们的中文名字，看着他们脸上的笑容，我心中不仅为自己感到得意，更多的是对五千年民族文化的自豪。

　　我在英国读书，每到春节学校总是会请我们几个中国留学生到周边的幼儿园开展活动传播中华文化，今年也不例外。我们准备好了介绍春节和十二生肖的活动内容，到了幼儿园却被告知幼儿园的投影仪出了故障。我们急得团团转，活动马上就要开始了，我们却不知如何是好。

　　就在这时负责活动的老师突然问我们，"你们谁会写毛笔字？设备故障一时半会儿修不好，你们可以先教教他们写自己的中文名

字！"身边其他几个同学低下了头，老师转过头注视着我，似乎是把所有希望都寄托在了我的身上。"我在国内学过六年书法，我可以试试！"老师刚才还紧皱的眉梢，顿时就舒展开了……

　　活动结束了，孩

子们都小心翼翼地把写着自己中文名字的宣纸收进文件夹里。园长拍了拍我的肩膀说，孩子们都很喜欢中国文化，希望我以后有时间还可以再多来教孩子们说中文、写汉字。

从幼儿园回学校的路上，我坐在车上看着窗外。通过书法向外国友人传播中华文化，这已经不是第一次了。早在上小学的时候，书法就为我搭建了很多展示的平台。教贝克汉姆写自己的中文名字、在"五洲同庆中国年"活动中教各国驻华大使写福字、到澳门与当地同学切磋书法……

回想起五岁时第一次走进书法教室握起毛笔，一遍遍地重复练习基础笔画的情形；周末去上课的路上，看到别的小朋友在小区里玩儿，一次次地想要放弃……

我低下头看了看自己手指上沾染的墨汁，从包里拿出了一张湿纸巾把手擦干净……一瞬间仿佛又回到了从前，每周六下课回家的路上，也是坐在车上，抽出一张湿纸巾把手擦干净。

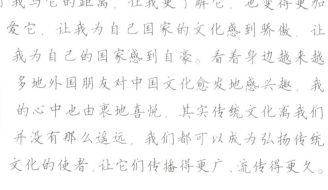

学习书法于我，不仅只是自我艺术修养的提升，更是在于对自己角色定位的转变。学习书法拉近了我与它的距离，让我更了解它，也变得更加爱它，让我为自己国家的文化感到骄傲，让我为自己的国家感到自豪。看着身边越来越多地外国朋友对中国文化愈发地感兴趣，我的心中也由衷地喜悦。其实传统文化离我们并没有那么遥远，我们都可以成为弘扬传统文化的使者，让它们传播得更广、流传得更久。

天坛青少年活动中心学员

徜徉在书法空间里的……

■ 白图南

作为一个具有传承书法文化家庭的后代，我从生下来就不得不接受以后要踏上学习书法的事实。四五岁的我被逼迫接触书法，没有一丁点儿兴趣，全是烦恼。八岁上二年级，明白点儿事了，父母将我送崇文少年宫刘颖老师的课堂，算是正式开始学书法。

起初每次活动，老师要求我们写的作业并不多，活动中带着我们所有小朋友一起观察，每个字的一笔一画的位置，一撇一捺的轻重，甚至是一个点的俯仰姿态，老师都会引导我们观察半天，说出很多细节。每每我们中的哪个小朋友说的最仔细，最清楚，老师都会带着我们一起为这个小朋友鼓掌！活动中一次次被表扬，被肯定，大概就是我坚持下来最原始的动力吧！

后来刘老师不在少年宫教学了，我算是追着刘老师从崇文少年宫来到天坛青少年活动中心"吾墨堂"书法社团学习的！当时天少书法社团里的哥哥姐姐们都非常厉害。

老师怕我有压力，常常对我讲的一句话，就是和自己比，每天有一丁点儿的进步，都值得为自己鼓掌喝彩，只有自己知道这丁点儿的进步有多不容易！

尽管老师对我降低了

要求，天生好强的性格使然，我不想落在别人后面，那段时间我算是和自己较上劲了！反反复复，来来去去，这期间的辛苦自不必讲，眼见着我们家的宣纸，噌噌噌，下去的速度别提有多快了。功夫不负有心人，付出就有收获，我被老师提携到了"大"学生的培训班里。

也正是在那里，让我看到了一群喜欢书法的师哥师姐学习的状态。活动时间到了，他们陆陆续续到了，没有张牙舞爪，彼此之间，一个眼神、一个动作，就算交流了。老师在不在教室，他们进来以后，作业都会自觉的粘在黑板上，就开始自主练习。他们每个人都有自己要完成的内容，彼此的字体书体也不一样。刘老师给每个人批改作业的声音都压得很低，教室里回荡的就只有轻轻的古琴曲，好不惬意！那是我第一次体会到了真正的宁静。此后每每坐在教室里，我也能静下心来专注的写字了。

年少时在书法上的付出，为我赢得了赞美，一张张的获奖证书就是最好的佐证。一晃，我已经上汇文中学了，随着课业压力增大，我练字的时间被挤压了不少，就这我仍没有放弃书法，因为沉浸在书法黑白世界里的短暂时光，他带给我的是片刻的轻松和自由。

天坛青少年活动中心学员

成长的日子

■ 季永康

我是大概六岁的时候，开始跟随刘老师学习书法，到今天算下来，有九年时间了。六岁，一个懵懂的开始，至于为什么学书法，现在想来，就是看别人干什么，我就跟着起哄干什么！

记忆里第一个费了牛劲，才勉强完成的作品，写的是"马到成功"，估计现在随便写写都能比当时好几百倍。书法技艺的提高，靠的就是积累，积累，再积累。

第一次参加比赛，当时紧张的不行，现在回想起来还挺有意思的。比赛前，因为现场命题书写内容的字数是不确定的，就只能临时抱佛脚，学叠各种字数的参赛用纸……

比赛现场好不容易写好了一张作品，然而没等上交给监考的老师，盛着墨汁的盘子，被人碰洒了，作品就这样完蛋了！印象中我当时是抽泣着收拾完离开赛场的！见到赛场外等我的妈妈时，就彻底控制不住自己的情绪，哭的特别伤心，那年我9岁！

日后的比赛，随着年龄的增长，我的表现也是一次比一次成熟，进出赛场时，我脸上洋溢的微笑，是技艺的提高、更是成长的自信。

今年我已经初三了，实话讲，功课真的很多！但我依旧愿意每周挤出时间，参与"吾墨堂"书法社团的所有活动，因为那个被叫做"吾墨堂"的小集体里有亲人一般的兄弟姐妹；有被叫作"大师哥"过瘾的称谓；有开展活动时拍下我们的一张张精彩的瞬间纪实、更有我们收获好成绩时满脸的得意！

每每和小伙伴一起坐在吾墨堂的书桌前，每每闻到教室里淡淡的墨香，我的浮躁就会跑得无影无踪！今年过年，学校悬挂的"爨宝子"笔墨味道的春联，就出自我手！刘老师经常说，今天的我们比她当年强很多，我知道这是老师对我对我们，最好的鼓励和褒奖！

在"吾墨堂"学习的日子里，让我越来越觉得自己"孤陋寡闻"，与书法沾边的什么都愿意去尝试愿意去接触，这大概就是兴趣使然的结果吧。

未来，唯愿我和我们吾墨堂的老师、兄弟姐妹，一切都好！

天坛青少年活动中心学员

我们的书法情怀

■ 叶嘉丽

　　我是叶嘉丽，在家里排行老二，那年爸爸送我和嘉萱妹妹到天坛青少年活动中心，一起开始学习书法。我比嘉萱大两岁，我上三年级，她上一年级，因为之前都没有学过书法，所以我俩都在初级班。

　　我的认知能力理解能力，都没得说，就两个字"聪慧"。每次活动，源于我比班上所有同学都学的快，老师也总是会根据我的能力，给我额外多布置一些任务。所以很快我就成为书法初级班级群里"别人家的孩子"了。哈哈哈，大约是第一个学期结束的时候，老师建议把我调到中级班。我和妹妹活动时间不一样，爸爸就得分开送，时间全花在接送我和妹妹的路上了，家里的生意没人管。我不想见老爸为难，就主动跟老师说，不调班了，我继续在初级班，这样可以知道初级班的作业要求，回家可以辅导妹妹嘉萱。

　　那时每天放学回来，我和嘉萱两个人都会学着老师的样子，闹着让妈妈给我们每人倒上一杯茶，点上一支香，用手机播放一段琵琶、古筝、或者是古琴曲，我和嘉萱才会很安静的开始练字，妈妈经常抱怨说，我们"装"的比写的好。

　　什么《阳关三叠》《高山流水》？什么是《广陵散》《梅花三弄》《潇湘水云》？《春江花月夜》《夕阳箫鼓》、大红袍是什么汤色，白牡丹有怎样的回甘，太平猴魁有怎样的叶形，信阳毛尖是什么口感……应该说都是从那时的"装"会、"装"懂哒！

　　在社团参加活动，最爱的就是暑假去博物馆学习。开放式的活动空间，畅所欲言的交流方式，近距离与艺术大咖的合影，都会让我们特别开心！

　　那年我们的博物馆学习，刚好大姐放假回来，也一起参与了。学习交流过程中，我侃侃而谈的表现，让大姐刮目相看。回来后，大姐就责备老爸老妈，没有给她提供学习书法的机会。

功夫不负有心人，一晃我都付出了六年时间了，当然我和嘉萱也都收获了属于我们自己的好成绩！学校书法展，我和嘉萱都是绝对的主力！

今年我已经上初二了，初三就得回浙江老家考学了！老家学校是全封闭管理。书法，我也只能先暂时放下一段时间了。空间上我虽不能去"吾墨堂"书法社团和小伙伴们一起学习书法。但我知道，我不会从心里放下！嘉萱妹妹也答应我，未来我落下的功课，她帮我补上。

小妹雨嘉，在我和嘉萱的影响下，终于软磨硬泡的让爸爸同意，开学送她和嘉萱一起去学书法。老爸甚至表态，只要勤奋努力，但愿有朝一日，我们姐妹学业有成，老爸愿意出资为我们办一场属于我们姐妹自己的书法展览！这是多么大的诱惑啊！我和妹妹们，已经达成共识，我们会为我们一致的目标继续努力！

天坛青少年活动中心学员

追梦路上

■ 耿诗凝

"1218东城区阳光少年艺术节汇报展演"算是我登上"书法展示"最大的舞台了！1218，就是12月18日我们展示活动的代号。大冬天，剧场里的温度并不高，我们穿着薄织锦的汉服，站在侧幕条听候着，导演老师一遍遍的舞台调度，紧张、激动、兴奋！

这次活动的主角是我们的书法刘老师，我么？十足的配角，充当她的小书童！舞台上，干冰走起，声光音画仙境一般，追光灯下，我和老师站在舞台上。刘老师身着飘逸的裙裳，手执特大抓笔，挥毫泼墨，仅仅几分钟，一幅笔酣墨饱的书法作品，就跃然纸上，完美呈现。看得我是自豪满满！

节目转换在后台备场时，我最愿意做的就是，拿着老师的大抓笔，站在展板前，"装腔作势"。刘老师没批评我，反倒还借着舞台炫炫的背景，给我拍了几张美美的照片，好像是我真的在现场写字一般。

就在我看着照片特别开心自我陶醉时，刘老师说，"下次现场展示，就你啦"！话音未落，我惊恐的眼睛睁得大大的，人前显贵固然得意，然这却是要在私底下无数次的积累。

"怎么着，胆小了不成？"

嗯……行！迟疑了片刻，我还是咬着后槽牙接下了老师的话。

"这还差不多，像我带出来的娃"！

跟着刘老师学书法差不多有两年时间了，书写技艺的提高，自不必说，我觉得自己对书法以及与之相关的姊妹文化的兴趣，愈来愈浓烈了。平时综合体验活动中，总会涉及到诗词、国画、古琴、茶事等等中国传统文化的内容，每每我自主获得并分享给小朋友的成就感都是下一次再付出满满的动力！

老师常说，越是本事大的人，越安静，我虽本事不够大，但学着做一个安静的书法人，却是我心底笃定的追求！

天坛青少年活动中心学员

老师"喜欢"我

■ 李明瑞

大概是二年级的时候，在精小兴趣体验活动时遇见了影响我一生的伯乐——刘老师。

二年级的我，什么都不懂。幼稚的认为因为老师在活动中表扬我，还摸了我的脸颊和头发，就是特别喜欢我！回家后我就闹着让爸爸妈妈带我去找那个摸我脸颊表扬我，"喜欢我"的老师，哈哈哈哈哈，现在我明白事理了，也开始似懂非懂地明白点书法了。

老师的示范就不用说了，看着师哥师姐在宣纸上挥毫，轻松完成的作品，心里仰慕极了！

看着别人笔下轻松完成的每一撇，每一捺似乎都有着各自的生

命，我喜欢这种感觉，书法的独特魅力，让我欲罢不能，我知道我已经不知不觉地对书法产生了的兴趣。谢谢刘老师，是您带着我走近、走进书法的殿堂。

说实话，我算是一个听话且勤奋的孩子！活动中老师教我：怎样弯，怎样折，怎样起笔，怎样落笔，我都认真的记在心里，回到家，先把要点的笔记写在一个本子上，有事没事就拿

出来看。还常常给妈妈讲刘老师说过的话。八岁在老师的鼓励下，我走进了书法人生的第一个赛场，以"宠辱不惊"妥妥的收获了一等奖。

成就感就是最好的动力！方法对头，加上努力练习，就会事半功倍！此后只要有比赛，我参与了，就不会让一等奖旁落。当然了，每一个奖项的背后，是我对书法的执着……

古语不经一番彻骨寒，怎得梅花扑鼻香。如今回想过去，猛然发觉我对书法的认识已加深了好多好多，在这个过程中，有着许多高峰，我愿意去跨越，去攀登。虽然它是如此困难，可是只有当我攀过它时，才能进步，才能使自己对书法的认识得到升华……

天坛青少年活动中心学员

我的"小·九九"

■ 韩 茜

说起书法这件事，我总是有许多的回忆和感慨，毕竟学习书法也将近八年了，一路走来经历的有艰辛也有快乐，但总归是叫我无比难忘。

我至今仍然记得当年参加"城门文化 环保题写 你我一起来"活动人员选拔的始末。那时候我才开始学习书法，手上的功夫自然也不咋的。要想参加书法实践活动，书写技能差，就不可能有任何机会。心理的小九九盘算得不到这次参加活动的机会，也是正常的事情！但是出于对活动的好奇和渴望，我还是想方设法地去关注老师随时公布出来的各种信息。

刘老师终于公布了关于自主报名参加"城门"活动的要求！我仔细的听着，记录着，生怕落下什么重要的话。老师说这次是跨学科体验，是综合活动，给每一个有意愿参与的孩子都留了一个展示的平台！整个活动过程中，不光有书写的环节，还有交流分享的环节！整个活动是以小组为单位进行展示的！

我有自知之明，书法是考验常年的积累，知道自己拿书写去和别人竞争参与的机会，十分渺茫！于是我决定努力竞争，交流分享部分的参与机会。分享交流部分的主题，依旧是围绕城门的历史文化进行的。

查阅资料，收集有关老城门的历史、文化、故事。根据各城门的位置，把他们曾经在历史中的功能，记录清楚！不打无准备之仗，凭借着初生牛犊不怕虎的精神，凭借精心的准备，我把自己知道的内容，在理解的基础上绘声绘色的讲出来，应该说我是把自己表达能力强的特点发挥的淋漓尽致了。考评那天，当我把自己准备好的城门文化知识很好地表达出来了，除了获得了活动的资格，很多写字好的同学，纷纷邀请我，加入他们的小组。反倒是我有主动权去决定选他们中的谁，成为我的队友！

我以自己最好的状态，赢得了大家对我的认可。通过这个活动，让我更加喜欢现在跨学科综合实践活动开展的体验模式了！

我知道光靠一张嘴是学不来书法真本事的，活动之后，我开始在私下里，主动向社团里的师哥师姐虚心请教学习经验。书写技能不断地提升，渐渐地，每一

次活动都有我坐在那里书写的身影。大大小小经历一次次比赛的磨砺，我不断地成长蜕变得更加自信了。回头看看自己成长的足迹，我知道自己的每一点进步都离不开社团兄弟姐妹对我的帮助。这是一个和谐的集体！

如今我在这里，也已经是别人嘴里的师姐了，我深知书法带给我的不仅仅是书写技艺的提高、还有与人为善的情怀、低调处事的情商以及悉心品味生活的态度……我会做好自己"师姐"的角色，引领一个个师弟师妹，一起感知书法，传承文化。

天坛青少年活动中心学员

书法·缘起

■ 史兆函

一波三折，行云流水，乱而有法，端正典雅，一笔一画，涌出了中华的传统文化……

小时候，姥爷总是握着我的手，用沾满浓墨的毛笔在宣纸上写字，还不时地对我说些书法上的专业名词，而我对书法的理解大概就是，信笔涂鸦，好开心啊……这算是我和书法的缘起吧！

此后书法渐渐地融入了我的生活。每个周末两个小时是雷打不动的练字时间，是我对父母承诺的践行，从楷书到隶书，我也慢慢进入到了一个书法爱好者该有的状态。

顺风顺水的过程总是不及低谷给我带来的记忆深刻！

2017年我从楷书换帖进入到隶书张迁碑的学习，然状态怎么都提不上去，楷书的用笔习惯改不掉，隶书的用笔感觉找不着……常常一个人坐在笔墨前生闷气，恨自己无能，不能像老师那样，走笔平稳，线条流畅，将字的细节表达的精准而又不失韵味。

"荣誉统统归零，此刻你什么都不是，就是一个从头学起的少年"老师的话在耳畔、在心底，重播了不知多少遍……统统归零。我的心情平复了，态度端正了，浮躁收敛了。一遍一遍的回看视频，一遍一遍的手追心摹，那个夏天，墨香慢慢沁回心脾。

我喜爱书法线条中的飞白，因为它是温情中奔放的速度；我喜爱用不带一丝飞白的线条来完成一篇作品，因为浓墨更意味着稳稳的用笔，像极了一步一个脚印的人生印迹。我喜爱用毛笔在纸上"龙飞凤舞"的宣泄，一张一弛都是对生活积极地态度。"大国工匠"视频里许多大工匠一日复一日的坚持着、努力着，只为传承，这力量直击我心。

每年春节，我拎着自己的大作，去香港看老爸，最重要的使命，就是摘下他办公生活空间里自己旧作，换上新的作品。从前老爸会把我举得高高，那是对我最好的奖赏，也是我最欢喜的时刻！如今老爸会把我紧紧地搂在怀里，再亲自下厨料理几个我最爱……这就是坚持下来的幸福吧。

回首自己在书法学习路上，那一串串或深或浅的足迹，或坚定或迟疑的领悟，都令我痴迷，我会好好珍惜与"书法"交流的时光，我坚信，我的人生会因为书法而更加精彩！

天坛青少年活动中心学员

成长的足迹

■ 刘子丹

　　书法是一门独特的艺术。每当我沉浸其中时，就会不知不觉忘记其他琐事，专心练习，用心揣摩，悉心感受字帖中的每一笔每一字，甚或是书者创作的心境。

　　我与书法相遇有五年之久了，在这五年中，从第一次握笔、提笔、转峰到一撇一捺、一横一点、弯勾转折到后来我终于可以写字，回头看我所为之付出的努力，感觉一切都是值得的。

　　我不是天赋型的学生，但我可以通过自己不懈的努力去创造自己的天赋。书桌前，手边有摊开的字帖，我坐在这尽兴的写，聆听并感受汉字的窃窃私语与神奇魅力。我与书法似知己，似挚爱，结交那份友谊与快乐，体验那份轻松与愉悦。

　　前有王羲之涮笔把水池变墨池，后有郑虔把柿叶当纸练光柿叶，古人的这种勤恳学习的态度非常值得我们学习，在学习篆书的时候，我也感受到了这种勤恳给我带来的巨大收获，使我受益匪浅。

　　在学习篆书的时

候，我会花时间去百度浏览各种可以学习书法的平台上，寻找自己喜欢的知识；也会在下载的书法字典 app 上寻找我所需要的范字；越来越方便的网络信息自由获取，让我非常享受这种自主学习的方式。

秦朝李斯的《会稽铭文》《峄山刻石》《泰山石刻》；唐朝李阳冰的《缙云县城隍庙记碑》《舜庙碑》《般若合铭》；清朝邓石如的《游五园诗》《篆书文轴》《篆书中堂》；晚清民国时期吴昌硕的《壬子题名》《潜夫论》《修震泽许塘记》这些著名书法家的作品都是我愿意去临摹和学习范本。

社团里有几个死党，我们互相学习彼此帮衬，偶有交流书写过程中的感悟，也会晒出自己满意的书写成果，共同成长的经历让我们的关系越来越铁了！

学习书法让我受益良多，严谨的书写，自信的表达，帮扶的快乐，收获的满足……

天坛青少年活动中心学员

谢谢妈妈

■ 朱祢璨

我叫朱祢璨，今年11岁了，最初接触书法是在4年前。学书法，是妈妈的主意。劝我说学习书法有多么多么好，年幼无知我就这样被忽悠到上学书法这条船上了。

第一次书法体验活动，书法教室里坐满了和我年龄相仿的小伙伴。软软的毛笔头，在脸上被感知的痒痒的。墨汁瓶，拿在老师手上，我们轻轻用自己的小手扇扇，就可以闻到淡淡的墨香。会喝水的宣纸、比比看看谁可以调出浓淡干湿线条痕迹多……太好玩了，我自己决定开始跟着老师体验学习。

随着时间的推移，我对书法的学习兴趣越来越浓烈。学习书法让我不仅可以静心沉醉在书写中，更是因为练习书法后令我获得了更多自信。我获得了很多奖项，也让同学们对我羡慕不已。

记得学校开新年联欢会，因为我在艺术节书法比赛中为学校赢得过荣誉，所以我被任命为班里写新年福字和对联，贴在教室门口。

作品贴出来的一刹那，老师和同学们给了我太多的鼓励和赞美，更有其他班老师特意来找我要了一个福字贴在他们班的门口。

这种待遇让我十分享受，内心的骄傲和自豪甚或是还有点小爆棚。谢谢妈妈！在我不懂事的时候，为我做出的最正确引领。今朝与书法为伴，岁岁以书写为荣！

天坛青少年活动中心学员

我的心爱之物

■ 张家铭

　　这一本本的书法书籍就是我的心爱之物，书法是我们中华传统文化中的精粹！为了学书法，我牺牲了很多业余时间，然从众多的书法专业书籍里，我也得到了很多快乐。

　　我的这些心爱之物并不是一次同时拥有的，而是我在学书法的几年时间里慢慢积累起来的。从书法字典到书法常识，再到各种字帖、名家字迹……我对它们爱不释手！这些翻卷了书边儿、书角的折页里，是我一次次在书法专业认知里的提高。

　　每当一幅幅书法作品被亲朋赞誉时，我倍儿有成就感！一张张获奖证书积累过程中，让我赢得了十足的荣耀感！一次次流连忘返于艺术场馆，沉浸在这些心爱之物，所散发的油墨香气中，我很是享受！

天坛青少年活动中心学员

三个橘子

■ 李佳星

　　书法，不是诗而有诗的韵味，不是画而有画的灵动，不是舞而有舞的火热，不是歌而有歌的悠扬！书法是图解的诗，抽象的画，纸上的舞，眼中的歌。

　　在书法社团成长的岁月里，成就了我今天的彬彬有礼，侃侃而谈。成长的岁月里积累下的，不仅仅是一张张获奖的荣誉证书，一块块金奖、银奖的奖章，在书法社团的学习过程中我学会了如何做人？！如何给予？！如何分享？！

　　我喜欢书法，见到会写字的人，心中就会充满敬仰之情！我喜欢书法，但心里又着实发颤！因为，我对书法的喜欢只能算是一种"叶公好龙"式的喜欢，口里念叨，心里想着，但真正拿起笔，扎扎实实地去练，却没有那份恒心和毅力。所以，当我第一次见识到师兄师姐创作作品时的那种轻松愉悦的氛围、不拘的手法、娴熟的运笔着实吓着我了。和他们比我自知，差的不是一点儿半点儿！

　　二年级，我开始学习书法，当时我心里那个苦啊，一样一样的兴趣班，压榨的我，没有周末的休息时间了。大家都懂得吧，被迫坐在教室里，我自然是什么也听不进去，写的更是烂到了极点。后来还是刘老师手把手教我，让我的手部肌肉有了些许会写的记忆，我才渐渐能写出几个好看的字了。聪明的我有了点儿小傲骄。

每次去参加活动，妈妈总会在包里给我放上点水果、甜点之类，为我补充能量的小零食！因为刘老师知道我们周末参加活动赶时间会很辛苦，所以活动中间休息时间，吃小零食，老师是允许的。

话说包里的美食对我诱惑实在是太大了，老师在前面讲课，我偷偷地一下一下的低个头，往嘴里塞上一口零食，然后用字帖挡着嘴，开心的品味！！一节课就这样结束了！可老师并没有像往常直接下课休息！话锋一转，老师突然问大家，"教室的空气里有一股好闻的橘子的味道，孩儿们你们想不想尝尝？"小伙伴们齐声说好，只有我默不作声的意识到，上课吃东西肯定被老师发现了！

刘老师看起来并没有生气，"橘子一定是太好吃了，李佳星才没忍住提前替大家品味了一下，接下来拿出来给大家分享尝尝吧！独乐乐不如众乐乐。"

"大家品的怎么样？" "好吃、太好吃了！简直是 *delicious food*……太少了，下回能不能分我们多点品尝啊"大家七嘴八舌，只有我很郁闷！眼泪在眼圈里打转……我心里委屈极了，我的橘子就这样不情愿的，给大家每人一小瓣儿分吃了。

"吃了人家的美味，你们是不是得有个表示，说点什么啊？" "我们一起说谢谢李佳星！"……哈～哈哈～"李佳星你下次再带点什么好吃的，然后你再上课的时候偷偷吃，我们就可以继续和你分享啦"哈哈哈～哈哈

事情过去很多年了！……现在回想起来，仍是历历在目，三个橘子事件，让我懂得了对规矩的遵守。偶尔当年的小伙伴聚在一起的时候，此事依然是大家嘴里最开心的谈资！

如今我已经长大了，在老师眼里，我已经成为优秀学生的代表，但我知道，我所有在今天，看起来的美好，都是在吾墨堂书法社团里，蜕变的结果。我时刻提醒自己：我不仅在练"字"，更是在练"人"，练其一生都需要有的认真、耐心和持之以恒的意志品格；练出写一手起落有锋，刚柔相济的书法作品的技艺；练出与人交往的一份豁达，与人为善的一份包容，待人接物的一份自信！

天坛青少年活动中心学员

我的"战袍"

■ 刘梓玉

　　四年的坚持，让我对书法的线条之美，书法韵味之美，有了一点点的浅浅的认知。一张张获奖证书是对我过往付出最好的肯定！可别小看这一张张薄纸，它可是给了我自信心，给了我成就感最好的法宝，也是我努力坚持下来，最好的动力！但今天我却想纪念一下我的"战袍"。

　　和白衣天使们一样，我也称一件白色的大褂，它是一件普通的儿童版白大褂，那是我儿时写书法时必穿的战袍！哈 - 哈 - 哈！

　　即将上小学一年级的我，被妈妈"骗"进了书法班，开始与笔墨纸砚这些新奇的东东打交道。人小好奇，书法班里全是我之前在记忆里，没见过，也没接触过的新奇玩意儿，故而我倒是很乐意在那个夏天去天坛青少年活动中心吾墨堂书法社团里来玩玩儿。

　　偏偏我就是最不利落的孩子，第一次书法体验活动结束，我就被同班的小朋友笑话变成"花猫"。印象中老师给我起的名字，我倒是很骄傲，"国宝熊猫"。光是从这两个称谓上，想必大家也能想象的到我的光辉形象了吧！

　　手上、脸上、衣裙上，裙子上……哈哈哈，哪儿哪儿都占了社团墨汁的便宜。自那以后，每次再来社团参加活动，妈妈都会为我"战袍"加身！白衣大褂从此就成了我最亲密的战友。

　　小时候写字，老师说我们年龄小，小手指的肌肉发育不完全，写不了精细笔画，要练大字，那时总感觉自己小手里的大毛笔特别不听话。毛笔里的墨舔不合适，着急时我就会直接用手把多余的墨将出去，小手的指甲缝里是黑乎乎的。老师显然是看出了我的问题，她耐心的手把手教我，舔墨运笔……

　　"不利落"在书法社团，我是出了名的。书写中，出现各种情况，我都会下意识地把手往白大褂上抹。就这样，日复一日，年复一年，新的印迹覆盖了旧的印迹，慢慢的，小手印变成了大手印，白大褂也就变成了黑大褂……

　　现如今，我早已不用战袍护体了，但是我一直舍不得扔掉它，因为它是我最好的战友，陪伴了我四年，战袍上每一点印迹，都印证了我曾经的努力！

天坛青少年活动中心学员

书法伴我成长

■ 常毓麟

从上小学开始，老师和家长就每天盯着我的字！天天讲"字如其人，得写一手好字，字写得好看，让人看着才会舒服"说实话，这些话听得我耳朵都起茧子了。

小时候常被俺娘带着去美术馆看各种展览。名人书画虽然看不太懂，但在心里，不烦感接触这些。

七岁，是我真正走进校外开始学书法的年纪，记忆中，那天我很亢奋。活动中，我一直努力跟住老师的节奏，老师有问，我有答，不管会不会，接下茬的都有我。

我是从最基础的楷书学起，从最简单的笔画练起的。记得学习写横画的时候，拿起毛笔，一笔下去写的歪歪扭扭，活像一条懒洋

洋的毛毛虫趴在纸上。第二笔、第三笔越写越难看……直到老师手把手的带着我起笔、行笔、运笔、收锋，一遍遍，我才感知到一点儿写字过程中的细节。看来要想写一手好字也不是那么容易做到的事情呀！从笔画到汉字，再从词语到古诗，五年来，我笔耕不辍，换回来自己在书法学习过程中的点点进步。坦率地讲我还有很多细节是有待提高的。

"慢工出细活儿"每写完一个字都要仔细端详一会儿，跟爸爸妈妈交流，对照字帖看看哪里不够完美，哪里结构不好，哪里布局不周全，每调整好一个字，我就无比兴奋，会瞬间忘记写字时的枯燥乏味，同时也增加了我坚持练字的积极性。

现在练习的时间长了，我也发现了一些写字时的关键点！写字要胆大心细，集中精力静下心来去体会每个笔画的写法，观察笔画之间的结构关系，写字时还要有很好的耐心，不能急于求成。遇到问题要耐心的找出根源再去解决。最最重要的还是要有恒心，学习书法没有捷径，只有持之以恒的练习和坚持不懈的努力，才能有很明显的提高。

古有愚公移山、滴水穿石、铁杵磨针……好多故事都说明只要有决心，肯下功夫，就一定能成功，学习书法也一样。书法陪伴着我成长，像好朋友伴随我的学习、生活、做人、做事。

天坛青少年活动中心学员

爱上书法

■ 余晓希

　　刚上小学时，我作业的字写得大大小小、歪七扭八，特别难看，妈妈决定让我练练书法，就这样我被送到了天坛青少年活动中心跟着专业老师学习，在这里，我软笔硬笔一起开练。

　　两个书法老师对我都很有耐心，在这里学习，我懂得了什么叫治学严谨。

　　我每周来这里学习，都得背会几句诗，有时活动过程轻松，老师还会留出几分钟时间，让我们做古诗词意境的交流分享。要想说的好，就需要我们在私底下，自主学习获得。

　　起初我很害怕，不敢在大家面前，张嘴说话。老师就把别的小朋友排在前边，把我排在靠后的位置，给我多留出一点时间适应。

　　每次互动，老师也总是引导我们自己发现并说出汉字结构中规律性的问题。讨论的过程，大家畅所欲言，很多和我一样羞涩的小伙伴，也是在这个环节的锻炼中，渐渐敢于表达了，说话有条理了，不结巴了！

老师很理解我们。回家的练习作业，从来不要求数量，但老师对我们作业质量的要求，可是不含糊。她常常要求我们要努力做到，观察清楚，要尽可能的说明白汉字笔画、结构之间的各种关系。即使没有写对，也必须要做到说对！在书法的学习过程中，要做个明白的写字人。写字不是在完成额定的任务，写字是即使只有写好一个字的时间，就绝不糊弄完成两个。

方法得当就会事半功倍。一段时间的努力付出，我的字有了明显的进步。北京市东城区阳光少年艺术节书法作品展评中，我的作品获奖啦！

在活动中我被表扬的次数一次次被刷新，开朗了、自信了、内心的满足是挂在脸上的最美的笑容。

我爱你——书法！

天坛青少年活动中心学员

继续"要"吧

■ 路曾越

学习书法到今天，已经有七年时间了！七年时间，书法给了我一种，能够让我愉悦、让我投入其中，达到忘我的动力。一篇篇书法作品，是我收获兴趣、自信，成就的源泉。习书究字，给我最大的收获是心境的成长。

每次到老师那儿写字，总是一杯清新的茶水，几曲舒缓的琴曲，萦绕着素木简雅的环境，伴随着墨香，我常常很快就可以做到凝神静气，一个个精美的字迹，都是在那儿新鲜出炉哒。

从前，我是个性子很急的孩子，是书法让我慢慢安静下来，沉

浸其中。无论是在书法理论的阅读，还是书法作品的欣赏，甚或是我执笔研墨认真的临写，只要一做上和书法沾边的事，我就会秒变成一个安静的孩子。时间常常就这样从我身边溜走，而我却浑然不觉。一笔一画，一个字一个字，潜心的研究笔画姿态，汉字结构，篇章的布局，沉浸其中的我，自得其乐，甚至是有些痴……

随着书写技艺的增长，越来越多的同学、师长、家人都有主动向我要字的经历！说心里话，我很开心大家和我"要字"，这对我而言，是最大的鼓励。正是您们一句不经意间的开口"要"字，才成就了我今天的自信！

执笔稳健，挥洒间，行云流水间，一幅幅书法作品跃然纸上……是我追求的目标！

叔叔、阿姨、舅舅、婶婶、小伙伴，您们再肆无忌惮的开口，跟我要几年字吧！我会更努力的在书海遨游，锤炼书技，到那时您各位都将是我成长的见证者！

天坛青少年活动中心学员

心之所向·身之所往

■ 佟止圆

　　我自幼喜欢读书写字，我从小学二年级开始学习软笔书法，把楷书作为基础，之后又学习了隶书、行书。取得过全国市区各级各类书法比赛一等奖项若干。儿时的兴趣，在岁月的更替中，早已转化为我的志趣！

　　我痴迷于对中国传统文化的追寻，我流连忘返于国内各大博物馆，在那里我方感觉如鱼得水。平日里我也偏于关注国内外考古发掘的最新发现，并希望有一天我也能成为一名考古工作者，亲临现场，鉴证每一个激动人心的时刻！

　　年少的我，有对文物修复中那些惊心动魄情境的喜悦，如烙印在我心底。长大以后，光看书听故事早已不能满足我的胃口，我时

常磨着家里的长辈，在修复工作不忙的时候带上我。在和专家级的大咖们接触的过程中，我见识了一块块小瓷片，小窑罐在长辈手中一刷刷被清理干净的过程；一张张书画孤品精细的揭裱工艺；一个个青铜器物完好再现的修复技艺；当然更开眼的还是要算那一件件收藏级别的文玩的精湛。每每这个时候我都会有强烈的感觉，觉得自己知识的欠缺。如今我已经如愿，还有一年我就将从首都师范大学历史学院考古系毕业了。

我对金石玉器，书画瓷器，古玩杂项都十分喜爱。我喜欢驻足于故宫博物院、国家博物馆、首都博物馆的展览；我喜欢家藏的几件明清时期的瓷器，也喜欢从古玩市场淘几件书画所用的镇尺、笔架、砚滴等小物。

作为吾墨堂书法社团走出来的学生代表，真心感谢老师们曾经为我们的付出，为我们成长打下的坚实的基础，为我们走入社会前搭建的各种锻炼的平台！

心之所向，身之所往！我清晰的知晓自己努力的方向，也懂得自己心底深处的憧憬和梦想，同时我更会通过自己身体力行的一步一步靠近我的追求！

吾墨堂是我的家，我愿意当好大师哥，永远与师弟师妹共情！共舞！

天坛青少年活动中心学员

学习书法心得

王明菲

　　图片中梳着短发娃娃头，站在桌子前，凝神执笔认真写字的瘦弱的小姑娘是我五岁的样子。从那时懵懵懂懂的拿起毛笔算起，十年了，跟随天少刘颖老师学习书法十年，弹指一挥间的感觉，书法早已成为我生命中，不可或缺的一部分。

　　每每在灯下研读古帖，都有与先贤把酒言欢的感觉，而后的泼墨挥毫，多是酣畅淋漓，一蹴而就。3650个日日夜夜的付出，换回的是我对楷书、隶书、行书各书体娴熟的把握，我在众多书法交流展示甚或是比赛中，一次次的被认可！学校的走廊中、教室的板报上，街坊邻里的家门上，到处都有我的作品。

　　毫不夸张地说，我偶尔会有小傲娇的感觉！但这种小傲娇，是在刘老师给我创设的平台上体验到的，也是在众多学弟学妹崇拜的眼神中感受到的！

　　自从在广渠门上初中以后，我的学业时间表排的满满的，但真心的不想放弃书法的学习，哪怕是就坐在书法教室里，听老师侃侃书法文化的脉络，剖析汉字演变的过程，亦或是坐在吾墨堂熟悉的书桌位置，静静的写上几个字，听听刘老师对我的点评，我都开心的不行！那种开心是从心底感受到的片刻的放松！

　　也正是因为如此，我常常是混迹于小朋友的书法学习时间，坐在

教室的一角，安静的完成自己的练习。倒是这些年幼的小朋友，在课前、课间、亦或是课后，只要他们一有自由活动的时间，就会围着我，看我写字。个别胆子大点儿调皮的小朋友，还会求我给他们写字，那崇拜的眼神，萌萌的样子，可爱极了。而我也的确从心里喜欢这些小朋友，看见他们现在写字的样子，就会勾起自己，当年学书法的许多美好的回忆！

坦率地说，我本是一个性格极其内向的女孩子，平时很少主动和别人交流，但正是这群年幼的小朋友，给予我的崇拜的眼神、求教的言语、让我一点点的找到了与别人交流沟通的技巧了！我也越来越变得有自信了！

书法作为中华优秀传统文化，正在被越来越多的人所重视。而我，俨然就是校园里传承文化的接班人，学校大大小小的典礼、体验，只要和书法沾边的活动，总少不了我的身影。写一手好字的确给我带来了很多的机会，我的综合素养在一次次的活动中悄然提高了。

最难忘的在炎黄艺术馆，与观展的书法博导，在我自己的作品前，面对面的交流，创作感悟！

在摄像机的镜头前，我介绍了自己的作品——

这是我拟照赵孟頫笔法书写的一幅行书作品。……清晰而不含蓄，外貌圆润而笔力强劲，结体宽绰秀美的特点。点画需圆润华滋，但结构布白却要十分注意方正谨严，横直相安、撇捺舒展、重点安稳。和其他获奖者一样，我们付出了许多，谈到练习的感觉，固然是十分复杂的。从最开始的"永"字八法练笔画，到后期的临帖练结构，再到最后的独立书写。日复一日，月复一月，经历了无数次的重复，各种滋味，凡是练过字的人都能体会。起先是枯燥，随后挫败感和无法突破瓶颈的焦虑接踵而来。但此刻，充盈我内心的是小有所成的欣喜，这种成就感足以抵过春秋数载的艰辛。

恍惚间，我又看到了那个扎着两只小辫儿，身高刚刚超过桌子，在其他小朋友玩耍嬉闹时认真练字的孩子。身旁是堆积成小山一般的书法作品。

我仍会在书法的道路上继续前行，我相信，通过不断的实践和探索，我的书法也会慢慢形成自己的风格和特点。

从落笔的那一刻，书法便成为了我生命中不可或缺的一部分。

天坛青少年活动中心学员

静·恒·感

邹佩萱

　　我学习书法的历程已有五年多了，我想用"静、恒、感"这几个字来形容我这些年在书法学习过程中的收获。首先一个字是"静"。学习书法急不得，需要静心、宁静。古话说"非宁静无以致远"，写字时不能浮躁，也不能把过多的情绪带到书写中。这样，写出的字才是稳的，不会让观赏作品的人认为你是十分浮躁，不踏实的人。

　　第二个字是"恒"。练字最重要的是坚持，只要保有一颗"恒心"，无论什么艰难的问题最终都可以被解决。我也不例外。书法学习遇到瓶颈，书写我不到感觉，停滞不前，想要放弃的念头在头脑里闪现了很多次。但其实每次咬牙坚持下来，就会发现，自己其实还是挺棒哒。

　　第三个字是"感"。既有挫败感、失落感更有成就感。写不好

挨批时，总还是会有挫败感的。有时我明明很努力，进步的效果却不大？眼见着身边的小伙伴，在比赛中取得比自己好的成绩时，内心的失落感油然而生！即使没有人责备，我也会躲起来偷偷哭泣。最后还是妈妈帮我打开的心结。功夫不负有心人，五年时间的付出，当我把一个个荣誉证书拿到手的时候，成就感涌上心头，甜甜的幸福。

　　书法，我会一直坚持下去，且永远不会忘记这三个字带给我的成长！

天坛青少年活动中心学员

黑白之旅

■ 曾度涵

沏一杯清茶，铺开雪白的宣纸，放上沉甸甸的砚台，倒许些清水，缓缓开始研墨。拿起笔轻轻蘸蘸漆黑的墨汁，下笔，黑与白瞬间融合，成就我书法学养的同时，开启了我的黑白之旅。

初次踏上这段旅程，是在博物馆见到的刻着隶书的古碑，虽经历千年世事，我还是可以从字里行间品味到一丝胸襟，一丝悲凉，一丝雄壮。

父亲告诉我，这字看着好看，写起来可就难了，就说那调墨，调稀了，笔落在纸上墨会洇发成片；调稠了，纸会被皴皱，展开黑白之旅可没那么容易呢。

由于喜欢，在小学四年级，我还是正式走进了黑白的书法世界。

初临颜真卿的《多宝塔碑》就能感到颜字的雄强茂密，浑厚刚劲，沉着端庄，又不失宽厚，如睿智、正直、朴实的老者。

刚开始我只会单纯模仿，随着时间的推移我越发喜爱，查阅资料自主学习了解到，颜老先生是如此忠君、如此忠烈，翻开带着油墨香的字帖，我对"颜字"有了不一样的理解。我的黑白世界里从此多了浓墨重彩的一笔，也略微明白了些字如其人的真正含义。

不知何时，我又迈入了隶书的大门。粗浅地翻看了各种隶书碑帖，最终相中了《张迁碑》。双脚开立，提起笔，逆锋用笔，匀速用笔，旋转收笔。"一"就写好了。隶书的特点是字形扁长，笔画蚕头燕尾，一波三折。我之所以喜欢《张迁碑》，是因为它古朴硬朗，用笔坚实有力，笔画方圆兼备，转折方而劲挺，结构险中求正，端庄又不呆板，古朴又不死板，硬朗中透着饱满，规整中藏着锋芒。在一遍遍书写中，我体会到何为大国雅致，何为兼容并包，在苍茫的黑白天地间迸发着属于它的无穷魅力。

接触隶书后，回过头再看看我在这黑白世界中的足迹，又有了一些不一样的感受：调墨说难难，说简单也简单，习字亦然。激励我在此继续前进的，是对字本身字体间架结构的喜爱，是对坚贞不屈的人生态度的憧憬，是对字背后蕴含的大国墨韵的敬仰。

在走进黑白世界的同时，我本如一张白纸的人生，也在这黑白之旅中，被墨汁滋养，绽放出绚丽的黑白之花。

天坛青少年活动中心学员

学书动力

戚婉临

在我成长的过程中，我最喜欢做的事情是学书法。学习书法的过程是枯燥的，只有我写的字，被老师家长肯定时，才是开心哒！当然了，参加各类书法比赛，能收获一纸获奖证书、一块奖牌，还有一份妈妈对我的奖励，我就更会开心很久！学书法过程中发生过许多有意思的事儿，和大家分享，权当我记录一下自己的成长吧！

学习书法写哪一个字体书体，通常情况下，都是由老师决定哒。一般孩子都是从楷书开始的。而我就是一个特例！我是从写篆书开始书法入门学习的。说起这个选择，我不得不佩服妈妈给我逆向思维的导向引领。

正式学书法前，妈妈休息带我去的最多的地方就是博物馆、美术馆。那些地方常年有很多展览，每次我们总是在相对少数的异类作品前驻足的时间比较长。就这样我避开从楷书学起的大多数人潮，从篆书开始开启了我的学书法之路。

因为我的正确选择，现在每次学校与书法相关的活动，总有我的作品出现。相比而言，我比其他同学有了更多的自我的展示机会！小时候，自理能力弱，参加现场比赛，状况不断，出现过许多小插曲……哈哈哈，糗事就不在这里说了！

经历一次又一次的历练后，我的作品渐渐成熟了，无论是米芾杯国际青少年书法大赛，还是每年的中小学生艺术节书法比赛，明明参与这些活动收获的战绩，都见证了我的成长，可书法老师却常常说我还是个长不大的孩子。嘿嘿，因为书法成绩好，我自知，老师喜欢我，常常像年糕一样，在活动结束后还缠着老师，问这问那，甚或是在有限的空间里，和老师玩儿起了捉迷藏……

成长中美好的记忆，一瞬间打开了闸门，真是感慨万千！

天坛青少年活动中心学员

学书感悟

■ 周京徽

今年我参加了兰亭杯书法比赛并获得是市级二等奖，在获奖的兴奋之余，回忆起初学书法时的样子。不禁对自己感到欣慰，因为我坚持了这么久，始终把它当作宝贝一样揣在怀中，舍不得丢弃。

那是五年前，我只是个书法初学者，学龄仅仅一年，当别人问起你有什么爱好时，我甚至不好意思说自己写书法。直到有一天我换了书法老师，使得我书法上的技巧得以脱胎换骨。

那时候也没把书法当回事儿，也就是写着放松。后来苏老师对我写的每个字都进行了认真的点评，这时我才开始用心，苏老师告诉我一个很神奇的方法：双勾。自从用了这个方法，我的进步那真叫突飞猛进。小时候也有时间，没事的时候我就双勾，勾完后就写，日日如此。

一次书法比赛，我妈在我毫不知情的情况下给我报了名，因为是首次参加比赛，所以我爸妈都希望我拿个好成绩，整个周六日全在让我写书法。周日晚上还没写出一个像样的作品，我在心中骂书法，真不该学这个东西，浪费我大把时间，可那又有什么办法呢？在他们的鼓励下我终于在十点左右写出了作品，并获得了二等奖，初战告捷。

　　雨后见彩虹，我成功加入了习书社。书法，已不仅仅是我的一个爱好；也是我最好的伙伴，陪伴着我成长。也许是写了一个周末的书法，我莫名其妙的能坚持一两个小时不动，只专心的写书法了。在习书社中我的进步变得更快了，苏老师一直认真的点评我的字，他是我的良师益友。

　　初一时，令我最振奋的事情来了，我学写行书了，行书比较难，但我有把握学好它。因为我有个六年如一日的好老师，和一个给力的家庭，以及一个敢于攀登困难的自己。在不久的将来，我会取得更好的成绩。

东城区少年宫学员

一句话·一盏灯

■ 张楚峰

我从小学二年级就跟着苏老师学习写毛笔字，到今年已经快7年了。从第一节课苏老师教我们认识笔、墨、纸、砚，握笔方法，到学习写基本笔画，我都记忆犹新。在这几年的学习过程中，我对学习书法有自己的几点感悟。

首先，我认为要想把字写好，一定要有科学的方法。学习楷体初期，苏老师让我们临摹赵孟頫的《三门记》。他先教我们朗读这篇文章，理解内容，认识繁体字。之后他指导我们用透明拓写纸双勾范字，认真观察字的结构、笔画的走向，分析笔画的起落笔……把这些分析工作细致落实到位之后，再动笔练习书写这个字。后来，为了能正确临摹好范字，苏老师还要求我们把字帖上的范字放大到和我们要写的字大小一样，这样我们就能比较准确地把一样大的字临摹好了。现在我开始学习写行书，苏老师把字按结构、偏旁归类，让我们练习。

其次，学习要持之以恒，写书法也不例外。小学时功课不是很紧，每天写完作业我都会花上一点时间练习写字。有时也会偷懒或是不认真，但是都逃不过妈妈的眼睛，所以有一个严格监督我的家长也不算是件坏事。当把一件事情重复十六遍以上，就可以养成一种习惯。所以坚持练习必不可少。

最后，我认为能让我一直坚持学习写书法还有一个原因，那就是我的努力能及时得到老师的认可和表扬。每次上课前给老师看作业，苏老师都会给我很多鼓励和表扬。这些对我的肯定使我充满了希望，并鼓舞我不断前行。一句话，一盏灯，也许改变人一生。

随着年龄的增长，现在的我知道书法是一门综合艺术。它集汉字、古诗词、美学、构图，以及书者自身的修养、情感、意志、胸怀为一体，魅力无穷。所以我为中国书法艺术感到骄傲和自豪，而且作为青年一代我们有责任把书法艺术传承和发扬。

东城区少年宫学员

坚持成就梦想

■ 唐嘉薇

　　大家好！我叫唐嘉薇。我从六年前开始学习书法。我是个左撇子，我从来没有用右手写过一个字。刚开始学习时，我遇到了很多困难，仅仅学会用右手拿笔就用了将近一个月的时间，当别人已经能写出完整的汉字时，我还在练习基本笔划，急得我直掉眼泪。

　　在苏老师的鼓励下，我慢慢寻找适合自己的方法，每写完一个字，我就把这个字放在字帖上，看看哪一笔写长了，哪一笔写短了，哪一笔的角度不够……别人写一遍，我就写两遍，别人写两遍我就写四遍，后来苏老师又教会我在字帖上做分析，我严格按照苏老师的方法去做，终于找到了适合自己的学习方法。我从不急于下笔书写，而是在写字之前先认真读帖，认真观察、分析每个字的结构，每个笔划的轻重变化及走向，笔划间相互位置，在脑子里反复琢磨每一笔如何切笔、如何运笔、如何收笔，然后再双勾、填墨、临帖，再把写好的字与字帖仔细对比，找出需要改进的地方，再写再改，这个过程看起来很慢，很费时间，但是用这个方法很快就能掌握一个字的写法，写作品时反而成功率很高。

　　经过五年学习楷书打基础，现在我进入学习行书的阶段，就在今年，我也被老师选拔进入了"叶培贵老师习书社"学习。学习书法，也是学习一种对待事

物的态度。通过学习书法，培养了我的耐心、不急不躁，也培养了我的观察能力和分析能力。学习书法更让我学会了坚持，坚持自己最初的梦想，让我相信每一份付出都不会白费，每一份努力都会有所收获，每天比昨天进步一点点，终会遇见最好的自己！

东城区少年宫学员

庆幸做您的学生

■ 陈筱溪

  大约在我5岁的时候，爸爸和妈妈给我在东城少年宫报名了书法社团活动。小时候，我看到苏老师用一根小竹管就能够画出各种各样优美的线条，很神奇。而我却经常把墨汁搞得到处都是。跟随着苏老师，我从一横一竖开始学起，只是觉得很好玩。

  从《三门记》到《妙严寺记》，从简单的字到结构复杂的字，我体会到了笔下线条的曲线、力度、位置和趋势的多样变化，真切地感受到了汉字的优美，同时也体会到了中国文化的博大精深。

  走在街上，常常会看到各种用书法字体题写的匾额，比如稻香村、北京第六医院、中国中医科学院等等，我就会问爸爸，这个字写得怎么样？这是什么字体？作者是谁啊？爸爸也会给我讲一些知识，比如书圣王羲之的故事、什么是六书，文字的字体是如何发展演变的。

  在苏老师的细心指导下，我从一年级就参加了区、市多种级别的书法比赛和展览，也取得了一定的成绩。我自己也为在书法学习过程中，获得的认可感到高兴。

  我现在已经五年级了，学习功课都比较紧张了，但是我还是坚持挤出时间来练习字帖。学习书法，帮助我更好的了解中华民族的传统文化。苏老师讲课耐心细致、生动有趣，非常庆幸能够成为苏老师的学生！

东城区少年宫学员

此行国家博物馆

■ 刘婧婷

　　习书社在王福全老师的的带领下参观国家博物馆，我心情十分激动。

　　在远古时期展厅我看到了元谋人的牙齿，北京人的头盖骨，感受到的是远古时期的人们曾经生活的气息，仿佛我能看到他们钻木取火的样子。

　　在商夏西周展馆，我看到的是一件件精美绝伦的青铜器，镇馆之宝司母戊鼎、四羊方尊，我仿佛看见古代劳动人民的智慧以及当时经济的发达！古人们还真是技术高超啊！

　　在秦汉展馆，从秦始皇陵的兵马俑中看到了专制封建王朝的霸气与秦始皇的气势磅礴。秦汉时期统一了文字，统一了钱币，统一了度量衡，这让我不得不佩服秦始皇的才干。接着，我们进入了春秋战国时期，那时局面动荡，诸侯争霸，七雄并立。我们从精美的青铜鼎和吴越兵器中看到了手工业的发达。

　　最令我意想不到的是博物馆中还收藏着非洲的藏品，这些木雕被非洲人民刻画的栩栩如生，造型饱满而充满张力，雕刻手法简练，既生动有趣、手法朴实，也不缺乏精巧细致的构思，形态各异，外貌也各不相同，它们代表了不同的人物，非洲雕像在反映传统宗教信仰的同时，也记录着时代的变迁，表现了人类的生活和自然的生灵。这次的参观，我不仅了解了祖国的历史，更收获很多……

东城区少年宫学员

体验中的探索与发现

■ 孔维冠

　　汉字体验馆的活动让我们在体验中探索汉字的历史、发现汉字的美，进而热爱汉字、热衷写字，我对汉字和中华优秀传统文化的兴趣更浓了。这里除了常规的展墙和视频展示外，还有不少多媒体互动、人体组字、部件构字等等，我们玩得兴致盎然。在玩的过程中学到了很多知识，认识了很多汉字，激发了我们对母语的热爱。这样的活动方式太有意思了！

　　汉字体验馆展现了博大精深的中华传统文化，小学生们在趣味中感受到了汉字的博大精深。语言承载思想，文字蕴藏文化，我感觉这里可以算作一个学习语言文字的有趣有益的补充。不只是好玩！不只是体验传统文化，更致力于启发创意，引起我们探索的兴趣！通过活动提高了我们的综合能力、观察能力、动手实践能力和思考能力。

东城区少年宫学员

拓片经历

■ 于小雅

　　未进入到拓片教室，先迎来阵阵墨香，心瞬间静了下来。观摩过老师的示范，便是自己上手体验。自看见操作合后就跃跃欲试起来但等真正实操起来刚刚的那些工具却都不听话了，手下一个用力，薄薄的宣纸就搓起了小洞，老师在过来协助换纸的时候一字一句跟我讲，急不得，凡事都应认真、细致，一点点啃下来。深呼吸调整后，手下的力道稳了许多，听一下下拓包轻轻拍在碑面上的声音，可以感受到拓片技艺的传承依然有许许多多的人在守护。亲身体验过的感受一定是不一样的，拓片技艺不再是高高在上的，他在我们身边，承载着前年历史与辛勤汗水。或许这就是中华传统文化带给我们的，戒骄戒躁，只要后继有人不忘初心，他的价值是无法比拟的。

　　地坛青少年活动中心学员

深度思考

■ 马若曦

　　我上三年级了，和张菁老师学习硬笔书法一年。学习硬笔书法前，我写字时经常用橡皮涂改，书写速度慢和质量很不理想。在张老师的鼓励下，我学着正确使用铅笔笔画和偏旁部首开始练起。现在我写的字有进步了。我自己因为字写得好看也越来越自信了。

　　张老师组织书法展览活动，我都积极参加。今年疫情期间也写了一幅书法作品，表达我对前线白衣战士的崇高敬意。我选取了《出塞》这首诗，表现当今全民族抗击疫情的强烈信心与坚定决心，我想把这首诗送给前线的叔叔阿姨。书以言志，我用作品凝聚力量，一场疫情，让我深深地感到祖国的命运与我们每一个人息息相关。

　　这次书写也锻炼了我在思考和阅读中学习的好习惯。针对问题

的出现，我有对自己的看法、见解的表达能力，线上活动是思考的课堂，我尝试学会了独立思考。

　　今后我再参加类似的活动时，我将会做地更好。深度思考，是发表我的看法和观点的前提，与同伴进行交流、互动、分享，可以使自己的看法和观点得到增值、完善、补充和更正，会促进我的学习和认知的水平不断提高。

东城区崇文少年宫

学员

162

端正态度成就自己

■ 马丹丽

　　一年级的时候，老师展览优秀作业，大家都上去欣赏，我抬头看看同学的字，字写得好秀气，再低头看看我的，天啊，又大又歪，自己都看不下去了，于是我报了书法班。

　　我练书法并不是一帆风顺的。学习了一年后，书法写得已经很不错了，但是因为我自信过头了，变得就不怎么练习了，我的字就开始下滑，像坐着滑梯一样。我自己也感觉到羞愧，自己怎么就因为写了那一次的好字，就骄傲自大了呢？我很快地就调整了自己，每个寒暑假都要练书法，慢慢的，我的字体变得好看了，但还是有不足，有时候不是个别字的结构写的欠精准，要不就是在通篇字的大小上出现问题。我努力一直在坚持，我相信自己，会把字写得更好。谢谢我的书法老师——李蕊老师为我所有的付出！

　　假期是大家进步速度最快的时间，李老师也总是会把有价值的字帖推荐给我们，让大家在家里好好练习。意居笔先，行随法立。放心吧，李老师，我会记住您给予我所有的教诲！

天坛青少年活动中心学员

勤奋和努力

■ 尚 洋

　　中国的书法，它以方正端庄的结构，线条优美的造型，风格各异的提示和内涵深邃的意境，注释了中华文化的魅力。俗话说地好"只有想不到，没有做不到"。

　　书法正是如此。它讲究的是功到自然成，是铁杵磨成针，是日日夜夜点点滴滴……试问寰宇，哪一位书法家不是通过一点一滴的积累，水到渠成，最终流芳百世。笨鸟早出林，这是我们再熟悉不过的话了，它无时无刻提醒着我们要勤奋和努力！无论是在书法造诣还是任何学问的考究上，这都是毋庸置疑的。

　　一代书法大师王羲之更是以他的勤奋和努力，完美的诠释了这一点：传说王羲之在儿时便苦练书法，洗砚，把自己家的水池练成了"墨池"。

　　我认为，写书法不仅要练，还要把心神融入其中，不再单单只是一板一眼，我们应该把它们当成一个个小小生命，用我们手中的笔，写出他们应有的姿态，或绵长、或苍劲、或饱满、或瘦硬，这样才能创作出属于自己的风格！

天坛青少年活动中心学员

字如其人

■ 邱钰涵

　　妈妈为了让我写出一手好字，二年级时给我报了天坛青少年活动中心李蕊老师的硬笔书法班。从一笔一画书写开始，无论是感觉辛苦，还是觉得枯燥，在长辈们的鼓励下，我都没有放弃。经过两年时间的学习，我的书写有了进步，我明白了一个道理，字如其人，字是人的第二个相貌。

　　我的字说实话是很难看，我本也是不想上书法课的，可自从知道"字如其人"这个俗语的意思后，我还是决定学习硬笔书法，毕竟未来不愿意让别人说自己的字写的丑！

　　第一次活动，李老师说我握笔姿势不对，就因为这个老师教了我好长时间，我才学会。一笔一画，都有讲究，都有学问。同样一个字，在练习多遍后，才能越写越顺畅。老师规定我不必练习太多字，只写5-6个字就可以了。一年下来，也会有两千字的积累。

　　李老师说过一段话，练书法时心要静，不然你写的字就不会好看。怎样才能心静呢？内心平静，心静是一种境界，可以听轻音乐让你心静下来。练习书法需要端正态度，心平气和，这样你才能写出一手好字来。未来我会慢慢按老师的要求努力，争取好成绩！

　　天坛青少年活动中心学员

转　变

■·刘芮圻

　　我今年八岁。在参与过的许多课外活动中，最喜欢还是硬笔书法，我已经坚持两年时间了。开始我的字写的是乱七八糟。不管是拿笔、字形还是结构都不怎样，是妈妈提出让我学书法的建议。

　　起初，我觉得学写字没意思，直到我写的字有些进步后来，才慢慢喜欢上了书法，并对书法有了更深的了解。

　　是什么让我有这样的转变呢？——我的书法李蕊老师，她上课时既温柔又风趣。在课堂上她不让我们死记硬背，而是放一些关于书法的小视频，引导我们了解古代的那些书法家和写字的要领！老师还允许我们也可以在黑板上写写字，写完后，老师会细心地给我们纠正、讲解，还会告诉我们一些小技巧和美术的排版知识，我觉得这样的活动很轻松也有意思。

　　通过两年的学习，我认为学书法得坚持，不能半途而废。在日常练字前要看好字的形体和结构再开始写。写字的过程中不要太快，要一笔一画地认真写。写完再看看有没有不好看的字进行反复修改，直到满意为止。

　　其实，把书法学好不容易。看起来写字很简单，可一个横都有许多要求，更何况把字写漂亮啊。通过写字锻炼了我的毅力和耐心。不管什么事都要坚持做到底，不论多简单的事都要认真对待。

　　活动中经常被老师表扬，我也越来越有自信了。两年时间我还在老师的引导下，背下来许多首诗词、也了解了一些中国古代文化知识，书法活动带给我的快乐，让我很享受这个过程！

天坛青少年活动中心学员

遇到您的幸运

■ 梁 葳

　　跟着朱老师学书法八九年了。从横竖撇捺到精致的汉字；从严整的楷书，到隶书行书。很难用三言两语来概括我九年间的收获是什么，也许是留下的一手好字，抑或是一种心平静气的态度。

　　这么多年来我参加了不少比赛，也写过很多作品获过奖。书法就是练字吗？我认为不是的，其意义远远高于此。一直以来，朱老师都鼓励我，我还不曾听到她的一句批评。所以书法课给我留下了相当好的印象，于我而言，上书法课是很快乐很享受的，这也是我一直坚持至今的原因。"坚持"一词其实用得不合适，这么快乐的事怎么能用"坚持"来形容呢？

　　学书法很享受。人人都能道之一二，名曰什么中华文化之类的，自有它的道理。其实对我而言，它的精髓在于静，只此一字足矣。我过去写字很快，笔触很粗糙，朱老师总是很耐心地提醒我。"如切如磋，如琢如磨"，似乎是这个道理了。

　　现在课业愈重，我很难腾出时间练习，甚至上课也不能保证次次都去了。虽然精当的字已经是我望而不及的，但是还有宁静的，书香气的教室，还有亲切的老师一直都在我身边。这可能也是书法给予我最简单最永恒的吧。说了这么多，其实最最应当感激的还是一直陪我走过这么多年的朱老师。现在回想起来，真觉得遇到这么好的老师是有多大的幸运，是她给予了我这么一份对书法的热爱。希望，我能把这份热爱一直保存下去吧。

　　　　　　　　　　　　　　东城区崇文少年宫学员

与墨香中找到的宁静

■ 刘人玮

从一年级开始，我学书法已经快八年了。这八年我学会的不仅仅是书法这门艺术，更学会了人生中很多重要的东西。

从一年级开始，我在书法课上认识了很多朋友，但是随着年龄的增长，他们一个一个的消失在了我的记忆里。教室里的新学生换了一届又一届，只有我还一直坐在老位置上写着书法。坚持是如此的重要，我获得了成绩、友情、技艺，但如果当年我和他们一样放弃，还有没有我的今天呢？

书法能静心养性，不管当天我的心情有多么不好，总能在书法

教室浓浓的墨香之中找到心灵的宁静。正是这种感觉教会我心平气和地处事，也是我学习书法的初衷。

身边学书法的同学在变，但我对书法的热爱却一直不变，书法一直伴在我的学习生活中，初心不变，在此真诚感谢朱老师多年的耐心指导！

东城区崇文少年宫
学员

学习书法心得体会

白宇鑫

作为一名中学生，能写一笔好字，这是学业所要求的！这些年我自从学习书法以来，觉得有以下好处：写一手漂亮的字，可以得到审美的享受、哲思的启迪、心灵的美化。书法能丰富自己的头脑，提高整体修养，养浩然之气，积渊博之才，具有修身养性的好处。

我总结要想写好书法需要具备以下几点：

一、要有恒心和时间，恒心，就是坚持，时间就是几乎每天一两个小时，其次，选好自己喜欢的笔体，一直孜孜不倦的练下去，直到每个字烂熟于心，就可以随心所欲的写出像样的书法作品来。

二、练习书法要保持心态平静，不急不躁。

三、练书法要温故而知新，每天巩固练习1-2个字，然后再复

习以前所学过字，并且要求字字入帖，只有这样才能循序渐进。

四、最为重要的还是要有信心，不要认为自己笨，不是那块料，练不出来。总之，书法作为一门艺术，不是一朝一夕之功能够练就的，需要时间的磨练及对书法的兴趣，对书法真正感兴趣才能练就一笔好的作品，将国家这门艺术生生不息、发扬光大！

五、最重要的一点是要有一个好的书法指导老师。这么多年我不得不说，来自东城区崇文少年宫教我书法的朱海玲老师，教学严谨认真、要求细致严厉、具有非常博学的书法功底！我今天获得的书法造诣全凭朱老师精心栽培教导，在此说声"朱老师辛苦啦！谢谢您的帮助"！

东城区崇文少年宫学员

方寸之间

■ 吴美润

　　我学习书法篆刻一年多了，这是一段愉快的学习经历。

　　这一年，我懂得了篆刻的历史和发展。陆璐老师有句话，我至今记忆犹新，学习篆刻必须先练好篆书。我心里凉凉的，没有书法基础，谈何写好篆书呢？唯有努力才会有收获。

　　随着参与活动的不断深入，我对篆刻历史的了解也在不断加深。篆刻艺术是书法、章法、刀法三者的完美结合。一方石印，即包含了优美飘逸的书法笔意，又蕴藏了赏心悦目的绘画技巧，体现出不同刀者的刻法神韵，可谓是："方寸之间，气象万千。"

　　陆老师授课要求"临摹有法""书写有标准""态度要端正""篆刻要认真"。要求我在篆刻时一定认真对待每一个步骤，每一步都要认真仔细。如果发现错误就必须及时改正，甚至重来一遍，这让我每次篆刻倍感压力，也磐石了基础。

　　我认为篆刻是一门入门门槛较低，但需要时时有灵感迸发的大众艺术。我基本上在头几次课程里就能基本掌握常规的篆刻方法，然而，随着学习时间的不断推移，我发现越是看着简单的东西就越难做好，这不仅仅需要了解各种常规技法，还需要刻苦的训练和必要的领悟力、创新力。

　　以印稿布局为例，刻字的大小布局、字形的微妙变换、字里行间的疏密搭配，字与字的不同组合，不同人的不同理解，均融入了篆刻者的各种感觉、感受和创意。小小方寸世界，不仅仅反映出了一个人的美术功底、艺术修养，还反映出了她的办事方法、处事态度，以及知识储备等等诸多方面。

　　小小方寸世界，蕴含无穷天地雄魂。

明城青少年活动中心学员

170

成长与收获

■ 林陆阳

　　笔墨挥洒韵味，捷思闪烁光泽。不拘随意取势，流露彰美不奢。气度蓄发内涵，点醒亮相情传。刻画民俗情趣，柔和古今自然。形式囊括手法，动静相生多变。返朴归真为上，传统继承发展。

　　在我看来，学习书法就像学习数学一样，需要一颗宁静的心。就如同这句诗一样。一笔一捺都蕴涵着自己对书法的理解。俗话说地好："字如其人"。从每个字中都能看出一个人的修养涵养。一笔一捺都不随意下笔，每一笔都要经过深思熟虑，人文精神应当与所处时代的文化审美观念相合拍。流露出的美朴素而不张扬，不凡而不奢侈。一笔一捺都刻画这从古至今的习俗，传承五千年的文化底蕴，我们血脉中所流露出的中国素质，中国涵养，中国文化，在锤炼笔墨技巧的同时，注重用心灵去感悟经典作品中的精神文化内涵，并融入他的笔墨情怀和审美观念。一笔一捺都代表着我们是中国人，书法不仅仅是我们中国的国粹，更是我们应当传承下去的文化瑰宝。

明城青少年活动中心学员

笔墨书香

■ 刘梓涵

　　时光飞逝，转眼间我已在明城青少年活动中心陆璐老师的书法室，学习五年时间了。从书法初级班到了书法中级班，我在这里成长。我获得过2019年东城区阳光少年艺术节金奖、东城区第二十三届学生艺术节作品类比赛软笔书法一等奖。书法上取得的优异成绩，也使我在其他科目的学习上受益匪浅。班主任老师经常拿我的字在班上展示，五年来我一直担任班里的语文课代表，我的各项能力得到了锻炼与提高。

　　"写字的时候，要心静，观察字帖也很重要，每个笔画都要看

清楚。观察好了再仔细临摹，写完后还要与原帖对比，发现写得不规范的地方再改。如此这样才能写好。"这些话都是陆老师反复教导我们的。我很感激陆老师，她在书法活动中，不像其他老师那样呆板，而是让我们自选喜欢的字帖，这样可以增加我们学习书法的兴趣，让我们觉得不枯燥。书法是我国的文化瑰宝，在今后学习的过程中，我会更勤奋，回馈陆老师的一片苦心。

明城青少年活动中心学员

成长与收获

■ 邸砾晴

学习书法的过程，也是我成长和收获的过程。学习书法之前，我写的字潦草，龙飞凤舞。妈妈总说我的字是：一笔在天上，另一笔掉到地上。即使我写的字都是对的，也得不到好的书写分数。陆老师经常说：把字写对是语文课的内容，书法的要求是要把字写漂亮……听话的我，从此后开始好好练字，硬笔软笔全参与。每次练习，我都尽可能的做到最好。

我们学校里组织了一个与书法有关的演讲活动，我兴致勃勃的报了名。虽然准备演讲的过程特别辛苦，但我却十足的提升了我的书法知识储备量。演讲当天我紧张又激动。演讲完，很多同学对我投来了赞赏的目光，更有同学直接说谢谢我，为他们补上了一些书法知识上的空白。为班级争了光。真是一件一举多得的好事。

每年春节临近，我都会给亲戚们写春联送祝福。随着我练书法时间越来越长，我变得越来越有耐心了，越来越踏实了。学了书法收获了成长，它带给我满天星斗，沉浸在书法的世界让我感觉自己好幸福！

明城青少年活动中心学员

我的研学经历

■ 孙尼迦

2020 年 1 月 23 日，是我们在日本的最后一天，也是这次研学最重要的一天——"美无国境"书法展开幕。

明治神宫旁边都是高大无比的树木参观。我和妈妈打着伞走在细雨中，巨大的木门，远远就可以闻到香樟木的清香味道。石子路的尽头就是我们要去参观的第 66 届日本少年新春书道展。这是日本的传统活动，每年开春都会举办。全国的少年学生都要按照规定的内容和尺寸书写。由各县层层选拔出的作品才可以在这里展示。

一年级的小学生手持大毛笔，自信的在巨大的宣纸上纵情挥毫。

要是给我这样的笔和纸，我真没有这胆量。微风吹起，我不禁打了个冷战。

我们参加的是第17届书法展在国立新美术馆的展览。一进大厅，巨幅宣传海报就映入眼帘。我的作品连续两年入展了。此前因为考试我没能亲临开幕式，今年得以如愿，我非常激动，这也是我参加过规模最大的展览。

开幕式上，双方代表致辞、剪彩仪式过后，大家纷纷涌进展厅，拿着获奖证书在作品前，我和老师、同学们相互拍照留念。妈妈比我还开心，已经笑得合不拢嘴了。

近十天的研学活动，就这样结束了。让我受益颇多，异国的研学节奏，安排地很是紧凑，我们每天相当辛苦。但是研学过程中看到的、听到的、感受到……各种记忆，各种乐趣，弥足珍贵！一次研学经历不仅仅是让我开阔了眼界，结识了新的朋友，也让我在内心里，对我们传统文化——书法文化的传承有了新的想法！回国以后，我会更加努力的，为我心中所向往的梦想，执着地追寻！

地坛青少年活动中心学员

我的研学日记

■ 张灵鹤

2020 年 1 月 21 日，晴有风。

今天我们的研学目的地是书道博物馆，位于东京一条小巷子的深处，是用收藏家中村不折先生的私宅改造而成的。这座博物馆位博物馆很小，旅客非常稀少。本来张老师带着我们是冲着镇馆之宝王献之的《新妇地黄汤帖》和颜真卿的《自书告身帖》而来的，没想到不巧这两件宝物正在休眠期，但这并不遗憾，我们赶上了《文征明诞辰550周年书画展》。这座博物馆虽然小，但藏品非常丰富，以至于我们还没有看完就到了集合的时间，多少有些遗憾。

寿喜锅是我到日本几天以来，吃的最合我胃口的一顿饭了，寿喜锅跟中国的火锅有些相似。

午饭后我们赶往日本中国文化中心，参加 2020 迎春送福书法笔会活动。现场来了很多中日书法家，他们现场写春联、写福字送

给参加活动的宾客。我和同行的小伙伴也在现场书写了"福"字，我们的书艺得到两国书法家的称赞，甚是开心。大家都感觉没有写过瘾。以至于今天的晚课上，我们又继续写了很多春联和福字，送给了酒店的工作人员和围观我们，喜欢书法的酒店客人。

我们研学的活动每天都安排的满满的，今天的晚餐，需要我们自己动手，体验寿司的制作。平时在家里，爸爸妈妈很少让我

做家务，不知今天，我会把寿司做成什么样子？

按照职场厨艺的要求，我率先带好了手套，然后学着老师的样子，把米饭抓在手里搓成像拇指长短的米条，再用切好的海苔包在饭团外面，像叠被子一样叠起来，最后在卷好的米条上盖上一片三文鱼片，我的三文鱼寿司就做好了。感觉还是很容易的！接下来的时间我又给自己做了鸡蛋寿司和大虾寿司。因为品尝的是自己的劳动成果，所以怎么吃都觉

得特别香！最有意思的是我还收获了人生中第一个"寿司职人"证书。

一次研学，全方位的激发了我各方面的潜能，爱上研学体验，是我最想说的心里话！

地坛青少年活动中心学员

皖南足迹

■ 王浥轩

　　"青山隐隐水迢迢，秋尽江南草未凋"，这就是我对皖南的最初印象。直到有一天，我亲自去了皖南才真正体会到，皖南，其实不止很多的美景，还有婉约秀气的民居。直到亲眼看到皖南的民居，我才觉得，要是没有这古镇相托，这再好的风景都总缺了一种情愫。走进民居，低矮的屋檐下长着碧绿的青苔，白墙灰瓦，廊柱林立，长廊回转，天井，匾额，木雕，砖雕，青石板或……，树木，发呆，畅想有一种小家碧玉的感觉。这一点也是与北方建筑有所不同的一点，也是最让我对皖南建筑最着迷的一点。

东城区崇文少年宫学员

古镇韵味

■ 杨泾滢

　　走出祠堂，雨停了。站在溪水边的青石板路上，古街边的人家沿着溪水鳞次栉比，小路两旁的长廊蜿蜒曲折。走过溪旁的石板路步入长廊，沿着奔流的夹杂着南方红色土壤溪水眺望远方，青山犹如笔笔淡淡的墨痕漂在碧草绿树的尽头……　天色渐暗，在隐隐的蝉鸣声，奔流的溪水声中我快步走出长廊。坐上车回望这座始于唐，盛于明清，历经百年风雨的古镇，石桥流水，青烟袅袅，绿树村边合，青山郭外斜，尽显江南小镇的安宁祥和，正所谓'山绕清溪水绕城，白云碧嶂画难成。处处楼台藏野色，家家灯火读书声'。

东城区崇文少年宫学员

古村之歌

■ 邢若雨

宏村祠堂里端庄穆蔼的"巾帼丈夫","天下第一家"的细腻陈朴，随处可见的书法元素——古村古镇，又会带给我们怎样的惊喜呢？

梯田、真的梯田啊！远远的，一道道绿斑青纹隐现眼前。我心里激动起来，就像铁粉幸会偶像般。桑苗，茶树，时蔬，参差并不凌乱。两边的翠竹垂下枝来，纤细修长的手指交错辉映，织出田的面纱，欲说还休，半推半就，如羞涩而神秘的少女。小丘不陡，那田蜿蜒地势力向上爬啊爬，终于消失在幽篁深处。几百年前的孟夏仲夜，王维定然在这里仰望满天星斗，抚琴林中，吟出清风徐来般的绝唱。

桃花潭、宏村、南屏、唐模，布局、水系、宗族，特色自不同，风格却非迥。乌色瓦片垒屋檐，院壁太白一丝青，墙头富韵律。没有龙脊般扩张的屋顶，抑或深锁的宫门。湖心亭的飞檐像凤之舞，冲天而鸣，灵而精，气韵霸道。笨拙的方方正正的屋体，好像代表着徽人的心。朴实，厚重，偏偏还藏着几点古灵，那便是皖南民居最核心的地方了。单这一水的样式也没什么，房之尽处，叠着两重"牌坊"，薄薄一墙，如宫城的剪影，深邃的眸中盛放着历史的斑驳沧桑。任你从何处，任你来何方，楼榭观不够。邻里街坊皆各色，最美名片绣古韵。

东城区崇文少年宫学员

家长心声篇

发自父母心灵深处的声音——

"亲爱的孩子，作为父母，我们希望你良好的德行，优雅的举止，正直的品格。我们为你搭建接触书法、诗歌、绘画、音乐……这些传统文化，是为了让你的心灵填满高尚的情趣，这些高尚的情趣会支撑你的一生，即使你在最严酷的寒冬，也不会忘记玫瑰的芳香。

事事多扪心自问，只有你自己才知道你真正需要的是什么！"

吾道不孤啦

■ 白 伟

　　一个书法爱好者当然想让自己的孩子也写出一手好字，甚至梦想他（她）天生就有书法基因，打小就能够笔走龙蛇。可惜，这样的馅儿饼并没有砸在自己脑袋上，我儿白图南的书法之路还要一步一步的走，字也要一笔一划的写。

　　虽然四五岁我就开始让他抓笔涂鸦，但是左摇右摆的笔划总是不着边际，刚刚讲的起笔收笔转眼就被丢到九天云外，只有一片片黑疙瘩。血压斗起的我甚至曾经气的举起了巴掌……

　　直到有一天机缘巧合的遇到刘颖老师，白图南的书法学习才开始走上正路。刚见到刘老师时候还诧异眼前这个文静、淑雅、清秀的书法老师是这么的年轻，不免心里有些小怀疑，毕竟书法的历练是需要经年的积累。

　　但是之后儿子的飞快进步证明这个担心完全没必要，孩子不仅在运笔上沉稳不乱了，起收笔交代清楚了，在结构上也知道注意笔画之间的位置关系，甚至还有了通篇的章法。这使我终于觉得有希望了，书法已经在孩子的心里扎下了根，当然这都是刘老师的教导有方，细心培养的结果。

记忆深刻的是那次刘老师带领孩子和同学一起到美术馆看展览，她领着孩子们参观完，展示的作品，居然就和孩子们在展馆中央席地而坐，用浅显易懂的语言，引导孩子们说出观展的感觉！远远地看着孩子们在老师身边，一会儿手舞足蹈的比划，一会儿静静地聆听，因为离着远，我们听不见老师与孩子们交流的内容，但我相信正是通过老师悉心的引导，书法的传统与内涵，早已悄悄地在孩子的心里发了芽。

现在，书法练习已经成了白图南生活的一部分，课余休闲都少不了要写上几笔，老师留的作业也是很快地就能完成，连参加比赛的作品也常常的一两遍练习就能写的有模有样。老夫我常常暗自窃喜，吾道不孤啦，哈哈哈。

天坛青少年活动中心学员白图南爸爸

变化与成长

■ 陈 晨

望女成凤，女儿很小的时候，就希望她样样都好。吾墨堂招新生，恰巧女儿上一年级，就这样送她走进了书法活动的小天地！

初次接触书法，女儿非常好奇，还记得第一次学习完回家一进门，就开始迫不及待的把家里人组织起来，介绍她的一套"书法新装备"。从毛笔的毛说到宣纸里树皮、墨块里的烟灰……，她模仿着老师的样子一一讲给我们听。我真心觉得闺女太棒了，奖励了一个大大的拥抱！没想到她对书法竟有如此大的兴趣。

开始动毛笔调水蘸墨，闺女在宣纸上体验的更是特别开心。书法本身是一种修习，我耐着性子陪着她，慢慢感知、领会。我也重拾起毛笔陪她一起写，她居然还纠正起我的错来了。

从最初模仿老师的话，到最后能用她的理解为我解惑，我能感觉到女儿的观察与表述能力逐渐有了变化。

女儿的作业写得很工整，在学校经常收获"书写规范且漂亮"的奖状，她自己都非常高兴。每每看见我一会儿时间写完许多字，就会批评我，"妈妈，写字之前必须要仔细观察，观察比写完重要，写字就要写好，不能只是写完"。

很欣慰女儿在书法学习中一点一滴的变化和成长，更欣喜的是老师从长远角度对孩子书写习惯的引领和培养。女儿很乖，也很享受学习过程中的各种感知，加油宝贝，你是最棒哒！

天坛青少年活动中心学员王若萱妈妈

以你为骄傲

李 丽

妈，我不想上书法课；妈，我去练毛笔字了；妈，我参加书法比赛了；妈，我的书法作品获奖了……看着孩子一点点进步，一次次从容自信的参加各种书法活动，享受着书法给他带来的责任感和荣誉感，做家长的我们感到很欣慰。

虽说参加书法社团的时间并不长，这短短时间里，孩子成长过程中的变化使我感触很深。记得有一次去买毛笔，儿子看见有人在写毛笔字，忍不住停下来认真看着，还恳请爷爷把写好的一片送给他；有时还会把社团里哥哥姐姐们的好作品拿回家临摹；每走到公园看到宣传栏上的书法作品，孩子都会停下来'评头论足'；哪有书法活动，孩子都会积极参与，认真、努力的对待，为写出一篇满意的作品，能较上好几个小时的劲……以前孩子是不会关心这些的，进入吾墨堂书法社团以后，书法给孩子带来的力量和改变的同时也激发孩子的主观能动性。孩子有了非常大的改变，性格沉稳大气了；做事不光有信心也更有耐心了；主动学习不再用大人督促了……

孩子从开始的不愿意，到后来的喜欢和热爱，离不开老师的引导，孩子现在非常喜欢书法，享受到书法带来的乐趣，未来可期，儿子加油，妈妈以你为骄傲！

天坛青少年活动中心
学员时尚妈妈

九年时间

■ 季国存

我儿子季永康是从幼儿园大班开始接触书法，追随刘颖老师，这一学就是九年。

从最基本笔画开始，到汉字结体布局，章法作品，孩子一点一点的在书法技艺上的精进，我们做家长的都看在眼里，甜在心上！这些年，孩子参加的大大小小的比赛若干场，收获了很多一等奖！

九年时间坚持下来，作为家长，我真心的为孩子感到骄傲！

孩子刚接触书法那会儿，我真是急于求成，看着孩子歪歪扭扭写出来的字，全是批评责备。甚至很多次恼怒的质疑孩子的理解认知能力！？直到有一天孩子忍无可忍，把毛笔直接递到我手里，愤怒地说，自己写写试试，做到了，再指责我……

九年时间，说长不长，说短不短，我和儿子一起成长了，却是不争的事实！

要想写好字，真不简单！自那次冲突

之后，在老师的指点下，我主动和儿子"认怂"了。只要儿子作业不多，我就缠着儿子教我"练字"。

这个笔画应该怎么用笔；那个结构怎么穿插布白最合理；一篇字的章法可以设计出什么样的幅式……孩子最初的表述，是前言不搭后语，我就理会精神，不急不躁的设计一些小问题提问。九年时间，孩子书写技艺、表达能力、交往沟通能力的提高都是不争的事实。常常听别人说，孩子长大了，父子有代沟，无话可说，我可以自豪地说，我和儿子交流不仅无任何障碍，而且我们俩好的像哥儿们一样，畅所欲言！

最后请允许我真诚的说一句谢谢老师！也谢谢儿子！九年来，我们一起变好！未来，我们继续！

天坛青少年活动中心学员季永康爸爸

我和"小老师"一起成长

耿　凡

时间过得真快，不知不觉我闺女耿诗凝在天坛少年活动中心"吾墨堂"书法社团学习两年了，发生在孩子身上的点点滴滴的变化，恍如昨日……

记得第一次去接女儿书法活动放学，孩子见到我时的兴奋，至今记忆犹新。没等我询问，上课的感受，孩子就迫不及待的对我说："妈妈，刘老师今天不仅给我讲了好多书法上有意思的话题！您知道什么叫席地而坐吗？您知道我们国家最早的文字叫什么吗？书画同源，老师说，看我们这些同学的表现，如果都很努力，把字写漂亮以后，还可以教我们国画、品茶、插花、制香……哎妈呀，想想这些活动我就特别开心！"一路上，孩子的嘴，就没有停下来！"妈，您说我们书法刘老师会那么多，我要是认真学是不是也可以很棒？"她自己表达完，又急着想听我表态。"是呀，我也觉得能参与到这些内容的体验活动，是件很好玩儿的事！可是，参与者得从能把字写漂亮的孩子中挑选？！放心吧！妈妈！我不会让您失望哒！我会努力做到最好！"

作为家长，总觉得孩子小，一段时间之后，老师第一次留了在家的实操练习。写字前的各种准备，我都给小主"伺候"妥当了。结果招来了闺女一通批评，"妈妈，请您相信我，我已经在活动中学会了开笔、倒墨、调水……如果每件事都需要别人帮忙，就只能说明自己笨！我很聪明对吧，您就别来帮忙，好不好？让老师同学知道了，该笑话我了！"那小表情，一脸的严肃！

起初我真的有点不敢相信，以前事事，她都得把妈妈挂在嘴上，一段时间书法学习，闺女真会发生如此大的变化吗？事实胜于雄辩。孩子的确很自觉，也很努力。每次在家练字，每一步骤都做的井井

有条。当初因为担心她会做事不利落，把墨汁溅到衣服上，特意为她准备了一件"书法专用衣"。现在看来，也是多余了！闺女很鄙视我这个做法。

如今孩子在书法学习的路上，继续努力着，大大小小的比赛也参与了不少，最开心的笑容总是定格在手持获奖证书，和小伙伴合影的瞬间。孩子喜欢刘老师，喜欢参与书法活动的多重体验！

最近孩子常常在家，给我和她爸爸当起了小老师。教我们怎么起笔、行笔、收笔，怎么叠纸，怎么安排汉字结构。是不是下一个跨学科体验活动是亲子啥的吧？！我和爸爸努力，不给闺女丢脸。谢谢！谢谢女儿！谢谢刘老师！我们和孩子一起都在成长的路上！

天坛青少年活动中学员心耿诗凝妈妈

妈妈看好你

卫沣霆

　　随着萱儿上小学后，老师对书写的要求越来越高，我没少为她的写字发愁。因为写字质量的问题，语文作业往往会占用大部分完成作业的时间。有时甚至弄一个小时，也达不到学校老师的要求！真是做不到啊！

　　萱儿不是把字写的很大出格，就是出现横不平竖不直，每个字的笔画位置经常不一样……说起笔顺，更是让我头疼，想怎么写就怎么写，仿佛上课就从来没学过一样。每每辅导孩子的作业时，写字的质量都是我们母女战争的开始……搞得我筋疲力尽，她也很抗拒写生字。直到有一次孩子的语文卷子被直接扣了卷面分。我意识到必须要给孩子找书法老师系统地去引导她。

　　幸运地是我们遇到了美丽的刘老师，一个暑假，萱儿在老师辅导下，从抗拒写字转为接受，并渐渐有了每天主动坐在书桌前，写两个字的自觉性。我在这里说的两个，不是虚数，孩子真的就只写两个字。萱儿写字的时候，我听了老师的建议，不再往前凑了。可我也不放心啊，偶尔偷偷观察萱儿写字，她不再是急着抢着把两个字写完，而是自己认真看书，知道自己找位置了。

孩子的进步让我欣慰更让我欣喜。学校作业不用嘱咐也可以写得工整，生字作业还经常得优★。家长会后，语文老师特意找到我表扬孩子，惊讶于她的变化。

书写质量的提高，提升了孩子在学校参与活动的自信心，她现在对写字很有兴趣，有时还像模像样地给我讲，字应该怎么写才好看，进步的背后离不开老师的付出，感谢刘老师的用心教导，继续努力吧，孩子，书法需要经年累月的积累。打好书法底子，将来你一定会享受书法的美好，妈妈很看好你呦！

古诗二首 王子萱

床	举	人	月
前	头	闲	出
明	望	桂	惊
月	明	花	山
光	月	落	鸟
疑	低	夜	时
是	头	静	鸣
地	思	春	春
上	故	山	涧
霜	乡	空	中

天坛青少年活动中心学员王子萱妈妈

学书前后

■ 王加利

从小私塾先生出身的姥爷就常教我写字，那时我年纪小贪玩，没认真坚持下来，多少有些遗憾。近些年随着人们对中华传统认知的不断提升，我从心里想在孩子身上弥补我自己当年在书法学习中留下的遗憾。

书法学习，可不是一蹴而就的事，否则也就不会有"宝剑锋从磨砺出，梅花香自苦寒来"；"古人学问无遗力，少壮工夫老始成"这些精辟的言语了。学习书法没有捷径可走。

起初一说要练书法了，孩子就这事那事的找辙，心静不下来，练的质量就提不上去。心里着急也没用，打定主意，就算孩子一直什么进步也没有，只要老师不淘汰，我就让她一直赖在书法社团里"熏"着，学不会写，还学不会说吗？

孩子就是这样，见我的态度很明确，她自己意识到在学书法这件事上，没有任何可以商量的余地了，也只能硬着头皮，尽量在听讲、书写练习各环节都上点心了。奖励表扬买礼物，我换着样的刺激她的积极性。

每天陪着她一起完成书写练习，她来当老师，我来写书法。就这样孩子的意志品质在日复一日的练习中得到了磨练。笔耕不辍的几年努力，终于没有白费，孩子终于获得了代表学校参加区级书法现场比赛的资格！得到消息的那一日，孩子比以往都惆怅，背上了想赢怕输的包袱。直到取得区赛名次，得到学校的奖励，老师表扬、同学的认可，璨璨对书法学习的兴趣才越来越浓烈。

如今璨璨已经上五年级了。学习、做事也能越来越稳、越来越自信了。我们身边的朋友们更是看到璨璨学书前后的变化，也带他们各自的娃，纷纷加入到了书法学习的行列中了。

天坛青少年活动中心学员朱姊璨妈妈

我和孩子最大的幸运

■ 尹　静

　　字如其人，写得一手好字是一件让自己自豪、让别人羡慕的事。练字必须注重童子功，一定要从小学低年级就开始练，等到高年级，字写丑了，再想改，可就很困难了。晓希三年级时我把她放到了天坛青少年活动中心吾墨堂书法社团，学习软笔、硬笔书法。

　　老师的教学方法很独特，科学不科学？我起初还真有点质疑！既然送到老师这，我就努力配合老师的要求。但从孩子的成长过程看，看似起初很慢、很慢的推进速度，到孩子明白理解以后的提升，那进步的速度，真是惊诧到我了。

　　孩子到吾墨堂书法社团，开始学习时，算是插班生！对于环境的陌生、对于老师讲课方法的陌生，我真的很担心，孩子能不能适应下来，甚至起初还想让孩子从头学起。现在看，多亏听了老师当

年的建议，才没有耽误孩子后来取得的成绩速度。

兴趣是最好的老师，现在孩子每周都会自觉抽出时间来练字。临写前，认真观察汉字结构，研究笔画间呼应规律。而后才不慌不忙的调墨舔笔，每每完成的字，我这个外行人看，已经很美观了。可孩子会因为笔画上小小的形态、力度的不到位等遗憾而不满意，重写到让自己满意为止。学习书法以来，孩子逐渐摒弃了浮躁、马虎的毛病，养成了专注、精益求精的品质。

一个学期下来，孩子写字进步之快，有些出乎我的意料。过年，家里的对联就没再去买，都是孩子自己写的。亲朋好友看到孩子在书法学习中的进步，纷纷预定了明年的春联福字！来自家庭长辈们的肯定、鼓励和表扬，让孩子变得自信了。

孩子爱上了书法，如今她开始对自己书法方面的知识储备，不满意了！在家里，只要一有空，就会有意识的上网关注一些与书法相关的知识、书法文化的话题。

谢谢老师，遇到您们为晓希打开学习书法的这扇大门，是我和孩子最大的幸运！

天坛青少年活动中心学员余晓希妈妈

执着·努力的过往

华庆仙

　　我是软笔书法提高班的学生韩蕾的妈妈。特别荣幸我今天能有机会，在这里作为书法班学生家长的代表发言！首先我要先表达对刘老师，对天坛青少年活动中心的几位领导表示深深的感谢！

　　我们家韩蕾是小学二年级时跟随刘颖老师开始学习书法的！这样算下来在天坛青少年活动中心学习八年的时间了。中心改造时间，我们也没有停止书法学习！那会儿，我们追着刘老师到少年宫学习。孩子今年初三在读，也依然没有停下来学习书法的脚步！

　　初三的学习生活是紧张的，每周上六天学，仅休息周日一天！为此我们无法正常参加刘老师周六下午正常的提高班学习。孩子大了有主意，执拗的不想放弃。作为家长我当时真是很为难！

　　后来孩子开心的告诉我说，她自己和刘老师沟通了，刘老师知道以后，直接答应周日下午为我们初三两个的孩子辅导。事后我知道了那是刘老师为了保护孩子的学习热情，牺牲了她自己的休息时间！我们交的是大班的学费，享受到了单兵的教学！赚大了！今天我在这里真诚的对刘老师，对天少活动中心的几位领导表示深深的感谢！没有您们各位的帮扶，就没有我家孩子今天取得的所有成绩！

　　第二当得知，让我作为家长代表发言时，我就和其他家长在群里做了交流，大家有几点共同的感受：一个是书法相对枯燥，孩子们刚开始接触学习的时候，刘老师给了家长们非常多的实用的好办法，让娃们喜欢上了书法，喜欢上了老师，并且愿意为看似枯燥的书法，付出所有的学习热情！

　　第三学习过程中，刘老师细致的讲解，耐心的引导，真挚的鼓励，让娃们在书法项目的一个个比赛中，取得了理想的成绩！在一次次的展演活动中，各种能力得到了锻炼，越来越有自信了！

第四孩子大了，现在回来，好多话好多事，都不和我们做家长的交流了！有开心的，不开心的，都直接

发信刘老师了！每次来上课，都是催着回家的！我知道，这是刘老师对孩子们的爱，让他们如此留恋、爱上这里来！

在我们家长的眼里，刘老师不只是老师，说她是妈妈，是姐姐，是心理医生，都可以！她自如的切换着和孩子们交流的角色！让家长舒心！让孩子们安心！

历次比赛后，每一张孩子们手执获奖证书开怀的照片背后，记录的都是老师、孩子们执着和努力的过往！

最后我要代表所有书法班的家长和孩子们说，遇见刘老师是孩子们的幸运！更是我们的幸运！选择在天坛青少年活动中心的书法课堂学习，是我们最明智的选择！千言万语还是感谢感谢！再感谢！

天坛青少年活动中心学员韩茜妈妈

成长与回忆

■ 李哲龙

2020年1月22日，研学也进入了第五天，陪学的我，已经开始感觉有些疲惫了，闺女倒是状态不错。今天主要行程，上午参观东京国立博物馆，下午参观国立西洋美术馆。

东京国立博物馆馆内的9万多件藏品中有上万件中国文物，上自新石器时代的良渚文化玉器、唐宋元瓷器，下迄清代的瓷器字画，马远的《洞山渡水图》、梁楷的《雪景山水图》、李迪的《红白芙蓉图》……顿觉我华夏威武。

我感慨这里展陈作品的丰富，更感慨张老师深厚渊博的文化底蕴。张老师从展品存在的历史背景、艺术价值，以及背后的历史故事为孩子们进行详细的讲解。

东京都美术馆里的日本青少年的书法展，吸引了大家的目光。孩子们纷纷自己的方式记录着日本书道的风貌。

每个孩子找一幅自己喜欢的作品，大家一起席地而坐，学着老师点评的层次点评自己喜欢的作品，互动的学习过程，让孩子们提高的不仅是鉴赏能力还有表述能力。

日本人对于书道，是比较重视的，特别是在基础教育过程中，书法是学校课程中的必修课，全国统一教材，统一要求，统一考试。大赛上交的作品，字体甚至内容都高度重合的。在日本书法讲究要写出气势，很多日本青少年很小就能写出很大很工整的字，他们的书写展示通常都是在体育馆里，

把纸铺在地板上书写的。

　　明天一早要赶回名谷屋，晚课，闰如自己去了，我在房间里收拾完行李才去旁听。嚯，楼下大厅好不热闹，每个孩子都特别认真，精美的纸张上墨迹未干，就互赠留念了。孩子们特别开心。闰如显得有点特立独行。静静的趴在桌子的一隅，轻轻的点点洒洒，她还在继续完善着临摹文征明的八胜图卷中的一幅画稿。看见我在，闰如开心的告诉我，她要和张老师互赠交换留念。哈哈哈……此次日本研学已近尾声，然留给孩子们的却是一份极有价值有意义的成长回忆！

地坛青少年活动中心学员李籽暄爸爸

收　获

■　彭　静

　　书法是中国上下五千年来的优秀传统文化，从最初文字的形成，到书法艺术的日臻完善，有着源远流长的发展史。通过学习书法，能够促进孩子养成细致、专注、沉着的学习品质。

　　要把字写好，首先要全神贯注，仔细观察字的结构，并要脑、眼、手相呼应，准确控制用笔的轻重缓急，久而久之，就能潜移默化地改变孩子的心理素质，养成沉着冷静的习惯。

　　记得孩子第一次参加"米芾杯国际青少年书法大赛"，因为是现场比赛，孩子不仅要有较强的专业技能，还得有处理突发事件的应变反应能力。听孩子讲述：她在比赛当天，因为是露天书写，一阵风刮过，纸张落在未干的毛笔上，在空白处留下了一道墨痕。当时孩子的心里压力很大，汗水止不住地往下流。但在短暂的慌乱中，她渐渐沉稳下来，重新完成她的第二幅作品。最后只拿到了第二名的成绩，但我想，孩子在这次书法比赛中收获颇丰，她的综合能力得到了较大地提高，这是比她所获得的书法奖牌更为珍贵、更为重要的。

　　常言道：宁静致远，静能生智。学习书法，提高了孩子的书法素养和艺术修养，增强了孩子的自信心，提高了孩子的综合能力，加油，婉临！

天坛青少年活动中心学员
戚婉临妈妈

遇到好老师

李芬芬

梁葳从幼儿园大班就跟着朱老师学儿童画，小学一年级又开始跟朱老师学书法，到现在已经10年啦！这也是目前梁葳坚持最长且自愿一直坚持的爱好之一。

跟其他家长一样，我们从梁葳上幼儿园开始就给她报了很多所谓的兴趣班，古筝、国际象棋、书法、合唱、网球。在威逼利诱下，梁葳在古筝和国际象棋等方面都取得了一定的成绩，因为是威逼利诱，当孩子考完级拿到一定的荣誉后就失去了动力，比如古筝和国际象棋也就束之高阁，鲜少接触了。唯有书法，因为没有所谓的考级压力，最主要的是在朱老师的耐心引导下，无论梁葳写成什么样，从朱老师那里得到的永远都是鼓励和表扬。每年参加不同级别的书法比赛，还总能拿到一些小名次，这让梁葳更加喜欢上了书法。

虽然她平时做不到经常练习，但只要有时间，梁葳都会很乐意地写上一两个小时。随着年级的升高，作业量也在加大，尤其是升入高中，本来我和她爸爸以为梁葳可能会放弃书法，没想到要续费的时候，征求她的意见是否还要继续报名，得到的答案仍然是：

当然要报啦！我和她爸爸经常感慨，梁葳太幸运能遇到一位好老师！感谢朱老师在书法上给了梁葳充分的自信，才让书法成为她真正的兴趣爱好，不仅让梁葳能写出一手好字，还愉悦了身心，陶冶了情操！

崇文少年宫学员梁葳妈妈

孩子的"朱妈妈"

王立淳

从幼儿园开始，我就带着孩子奔走在各个兴趣班中，舞蹈，钢琴，唱歌，游泳，滑冰，书法，画画……在广泛撒网寻找兴趣点后，我们保留并坚持了几个项目，书法就是其中一项。而且我认为是最值得保留并坚持一生的项目。

一开始学习书法的初衷是为了培养孩子的专注度，事实证明书法是最可以达到这个能力的学习项目。从铺纸蘸墨的那一刻起，你所有的意念都集中在手上轻轻的毛笔，细细的笔锋上。一横一竖，一撇一捺，一提一顿，每一次行笔都是从心传输到脑，从脑传输到手，心不稳或者注意力稍有偏颇，纸上的字就和你想落在纸上的样子的相差千里了。

后来发现孩子从内心越来越喜欢书法，从参加比赛取得的成绩到日常生活中写春联，孩子享受书法带来的安静和成绩的喜悦。当然这一切都和孩子的书法朱海玲老师密切相关，她是孩子书法的启蒙老师，并一直坚持到今天，像妈妈一样耐心，呵护孩子的兴趣，教授孩子技能，陪伴孩子成长。

崇文少年宫学员刘人玮妈妈

非常幸运

■ 赵艳秋

白宇鑫从小学开始跟朱海玲老师学习书法，从一个连笔都不会拿的孩子到今天可以自己独立完成作品的少年，朱老师在她身上倾注了许多心血。书法刚开始学习的时候比较枯燥，需要大量的练习，朱老师比我这个做家长的对孩子还要耐心，总是轻声细语，一笔一划的指出孩子书写的问题，一点点的教他怎样改正，她总是能发现孩子的优点，并及时的表扬，让孩子提高自信心，激发他她对书法学习的兴趣。在课余的时候也会经常跟家长沟通孩子的学习情况，有时候我很晚了问老师问题，朱老师也会及时的回复。朱老师不仅教孩子怎样写字，更注意培养他们耐心细致、自觉认真的良好习惯，非常感谢朱老师这些年对孩子的教导，我为孩子能遇到这样一位好老师感到非常幸运。

崇文少年宫学员

白宇鑫妈妈

后记

　　"行是知之始、重知先重行"将知识应用实践于社会，再从实践中获得更丰富知识，是我们完成《行知翰墨》的本意。

　　本书设立了教师简介、教师感悟、活动案例、理论研讨、学生成长、家长心声六大篇章主题。

　　十二位来自东城校外书法教育一线的老师们，从校内书法课堂教学到330书法援助辅导，从书法专业培训到小组社会实践，从组织书写展示大赛到拓展研学体验，呈现出我们并肩，在办特色校外书法教育教学的道路上，留下的一串串坚实的成长的足迹……

　　过往的岁月里，成长的不仅仅是我们，从众多学生中我们选取了四十六个孩子，孩子们用生动细腻的文字，记录她or他，自己成长过程中，难忘的点点滴滴……

　　这一次我们还邀请了十四位家长加入爬格子的队伍。14位家长从他or她的视角，以朴实的言语，娓娓诉说着，这些年陪伴在我们与孩子身边的情怀、心语……

　　在本书付梓之际，我要感谢北京市、东城区两级校外教研室领导周立奇主任、高青科长、柳小兵主任对我们书法团队的厚爱和引领！感谢少年宫、青少年活动中心的领导为我们搭建的各种展示平台，对我们工作上的支持和帮扶！感谢都海江书记、周立奇主任、柳小兵主任、李冉主任百忙当中给予我们的寄语！感谢沈莉、范天明、叶培贵、杨广馨、孔令誉、周海兵等各位专家老师对我们所有师生的提携和指导！最后，请允许我在此，感谢线装书局为本书出版所做出的所有努力！对文渊社编辑的辛苦工作，表示真挚的感谢和深深的敬意！

2020 年 8 月